刘丽 主编

Wei Lijie
er Jiao

为理解而教
——小学文本重构八技法

立足学生发展，开展教育教学研究，是30年来学校坚守的理念和追求。正是这样的理念和追求，让学校走过了一条坚持素质教育办学、勇于课程改革探索，不断进行教育创新的发展之路。

上海教育出版社
SHANGHAI EDUCATIONAL
PUBLISHING HOUSE

图书在版编目(CIP)数据

为理解而教：小学文本重构八技法/刘丽主编. —上海：上海教育出版社,2015.11
ISBN 978-7-5444-6637-0

Ⅰ.①为… Ⅱ.①刘… Ⅲ.①课堂教学—教学研究—小学 Ⅳ.①G622.421

中国版本图书馆CIP数据核字(2015)第265743号

为理解而教
——小学文本重构八技法
刘 丽 主编

出　　版	上海世纪出版股份有限公司
	上 海 教 育 出 版 社
发　　行	中国图书进出口上海公司
版　　次	2015年11月第1版
书　　号	ISBN 978-7-5444-6637-0/G·5468

序

闸北区第四中心小学（原闸北区彭浦新村第四小学）自1985年建校以来，已经走过30年的素质教育办学历程。自2001年8月起，我一直担任校长之职。作为一名年青校长，我对教育工作有着一份赤诚的爱和执著地追求。

以"导-练-悟"为积淀

当我怀着满腔热情来到闸北区彭浦新村第四小学时，暗暗佩服臧伟森老校长的高瞻远瞩。在他的带领下，学校长期坚持语文教学改革，既抓基础工作，又以科研引路，特别是在加强语文实践活动方面取得了一些成绩，也总结了一些经验。正因为有了这样的积淀，为我能在学校顺利开展教育、教学工作打下扎实的基础。如今，我还能清晰地记得，当我从老校长手上接过这份沉甸甸的责任时，更多的是在思考，如何应对办学生存的挑战？如何为未来的发展作好准备？这些问题反复萦绕在我的心头。答案是肯定的，改革是时代的主旋律、改革是发展的突破口。课堂教学是实施素质教育的重要阵地，因此我们理所当然地将改革的切入口放在了课堂教学上。

我校在全面分析办学情况的基础上，明确了发展定位，提出了"整体推进，突出中心，集中精力抓课堂教学"的办学思路，以学科建设为突破口，深化"导-练-悟"教学模式实践，整体提高课堂教学的效益。为此我们不断探索新的教学法，规范教学常规管理，完善教学策略，提炼优质教学经验，逐步构建学校各学科练习体系，建立了"语数外"主要学科的"每课一问"练习集，形成了学校的学生活动序列，遴选与推荐学生好的学习方式。

以"蹲点"为契机

改革的方向明确了，如何落实这些举措，如何推进学校的语言实践活动呢？2003年6月，上海市教委教研室为我们学校提供了最及时的帮助。我校有幸成为全市两所试点实验学校之一,承担"小学语文新课程行动研究"课题的蹲点研究任务。说心里话,接受这个任务时,我既感到机遇千载难逢,又感到压力很大。说是机遇,是因为市教研员来搞实验,将对学校的发展和声誉产生很大的影响,实验结束后学校的声誉随之大增;说有压力,是因为毕竟我校是一所普通小学,教师的整体水平一般,学生的质量一般,市教研员到我们这儿蹲点,我们能不能完成市教研员的研究要求,会不会问题大于成绩、教训多于经验呢?我们就在这样忐忑不安的心情中接受了任务。

在五年的"蹲点"听课活动中,我一直要求自己全程参与蹲点工作,同专家一起走进课堂,引导教师剖析课堂教学"问题行为",反思"问题行为"的根源,为今后的学习指明方向。事实证明,所有这些对于促进我校深入开展课改和全面提高教育质量起到了必要的助推作用。

五年来,我校围绕"蹲点"研究,以校本教研为支点,在市区教研员、专家、局领导的悉心帮助指导下,教师对二期课改理念有了新的认识,课堂教学模式发生了质的变化,为教师的专业成长提供了有利条件,多名教师在市区课堂教学研讨中崭露头角。

随着课改的深入,在与专家共同研究探讨的基础上,我们确定了从课堂教学中"发现问题,确定课题,集体攻关,解决问题"的思路开展课题研究,形成人人参与课题研究的良好局面。如我校的语文课题"提高教师读写结合教学技能的校本培训研究"在专家指导下,被列为上海市教育规划课题、区教育局教育行动重点项目。

以"课题"为抓手

我校结合小学二期课改的全面推进,始终坚持素质教育办学,勇于课程改革探索,以新的育人理念和教学理念指导学校工作,努力构建自主办学的思想和模式。

自2009年以来,我校在市区层面立项的校级大课题有8项之多。以课题研究带动常规教研,让全体教师感受到了自己在开展课题研究中的进步。学校教师在市区级以上获奖和交流发表的论文有30多篇。2010年闸北区《教育探索》专刊汇编了我校市级规划课题的研究成果。在此机制引领下,锻炼了一支教师队伍,总结了一批学科成果,形成了一套科研机制,更培养了一种敢于教改的氛围,为学校的创新发展奠定了坚实的基础。

在校长的办学生涯中,尤其是通过以上几个阶段的学习与实践,我深切感受到:无论学校的原有基础如何,课改都将为每一所学校提供发展的机会。因为在课改前沿,我们都站在同一起跑线上,而抢抓课改这个发展机遇就能使校长在课改引领中不断成长,使学校在课改中实现跨越发展,更使教师的专业发展在课改中得到进一步提高。

以"重构"为统领

作为校长,我始终认为:加强师资队伍建设是教育永恒的话题。我们必须本着对事业高度负责的精神,以提高教师水平为重任,积极创设条件,搭设舞台,让每一位教师朝着自己专业的奋斗目标迈进,把促进教师素质全面提高的工作认真抓好。然而在新课程的实施过程中,却发现了新的问题——教师解读文本的能力参差不齐。虽然很多教师有了一定文本解读的能力,但却没有重构文本的能力。普遍存在不知道重构文本的方法,即使能重构文本,但是重构的结果是不是符合小学生的认知水平,是不是更适合于学生的发展,却是不得而知。所以我校制定了新的课题研究项目——"基于小学生理解的文本重构研究"。这个课题的研究第一次尝试全员参与,全面铺开,面向全体教师。我们通过各个教研组开展课题的实践与研究,从问题着手,针对现有教材中存在的一些问题,研究出与之匹配的重构八个技术。

通过该课题的研究与实施,我校在各个学科涌现出一批优秀教师。在近几年闸北区青年教师教学评比活动中,我校语文、品社、数学、音乐、美术、探究等多门学科教师均获等第奖。尤其语文青年教师又一次获得上海市教学比赛一等奖,全国青年教师(录像课)教学评比一等奖的好成绩。

以"更名"为起点

作为彭四小学的校长,当我在2013年5月接到区教育局关于学校更名区四中心小学的通知时,真可谓百感交集。我们每个人都知道,这次更名的意义,并不仅仅是改变了校名,而是需要我们以新的梦想、新的视角、新的精神,抓住二次建校的契机,共同打造学校的新局面。在不断自我超越中,争做闸北小学课改的领跑人,这既是教育局领导、也是社会对我们的期望，更是我们自我的不懈追求。

作为四中心的校长，我始终坚持"换牌子就是换精神"的理念。大家觉得换牌子不仅仅是光环，更多的是一份责任，达成了思想上的共识。如何缩短学校与其他中心校的距离、满足老百姓对我们办学的期望，也就成了我思考的重点。为了帮助教师提升综合素养，学校不断完善师徒结对、课题引领等制度，搭设多方位互动学习平台、激励每一个教师由校"星级教师"成长为市区骨干教师，并逐步形成自己的教学风格。为了提高教师的科研水平，我们继续采用全员参与课题研究的方法，以学法指导为突破、微格教研为举措，全面完善和实施科研管理制度，使更多的教师得益于"科研促教研"。

虽然这是我校建校30年来出版的第一本书，但这本书的成果跨越了学校更名前后两个重要的历史阶段。这本书的出版见证了领导专家对我们学校的关心与指导；见证了一代代教工共同的努力和拼搏；见证了学校办学历程的蜕变与进取。闸北四中心有今天的成绩，并非一蹴而就，都是以过去的成果为基础，也得到了各方面的支持。在成绩面前我虽然欣慰，但不轻松，我总是有危机感，战战兢兢，如履薄冰。学校的发展是不进则退、缓进亦退，作为一校之长，我一直考虑的就是如何带领学校再上一层楼。

"路漫漫其修远兮，吾将上下而求索"，我将与全体教工一如既往潜心于课改的研究，痴情于学生个性的发展。这条路我们走得无怨无悔。

2015 年 8 月

目录

序/001

教育探索之沿革——绪论/001
　　学校以教育科研推进为抓手,以"龙头"学科经验为基础,以学生差异研究为突破,逐步走向基于文本重构的教育行动研究。

教学内容之拓展——技术1:文本增盈/018
　　根据小学生线性连续思维的身心发展特征,针对文本省略的部分,对教学内容进行开拓、延伸、补充,使文本内容更完整、更清晰,易于学生理解。

知识能力之提升——技术2:思维台阶/041
　　当学习任务与学生最近发展区有一定距离,或学习终结性要求与学生学习起点距离较大时,采用抛锚法、嫁接情境等方法搭设思维台阶,对文本进行处理,从而帮助学生降低学习难度。

学生思维之激活——技术3：思维显性/067

为了提供学生发现学习过程中思维线索与路径，还原起点与结果之间的教学过程，帮助学生更加完整、直观地接触问题解决的思维过程。

学习过程之助推——技术4：分层引领/090

针对个体学生在实际学习过程中碰到的学习难点，在基础教学目标的引领下，根据学生差异，通过投放恰当学习资源等，帮助学生克服个体化学习的难点，从整体上提升一次性教学的有效性和达成度。

思维生成之激发——技术5：衍生学习/109

为了促进学生对知识更深入地思考，通过生成性学习、长作业设置等方法，设置新的学习任务，使学生在问题解决的基础上产生新领悟，产生新问题。

学科育人之实现——技术6：价值生成/136

根据释放学科育人价值的要求，对文本进行细读、挖掘、辨析、澄清等，引导学生体悟，使得新的文本能同时促进学生的知识学习、能力学习、方法学习和情感养成。

教学资源之编排——技术7:文本衔接/162

　　针对散点分布的知识点,通过对学生学习能力的整体考量,对教材前后内容进行关照、相似内容加以整合,使知识要点呈现序列化,帮助学生编织完整的学科知识网络。

跨科素材之嫁接——技术8:文本统整/183

　　针对不同学科教学内容的重复呈现,以不同学科共同设计的主题为线索,通过整理、组合等方法,帮助学生构建与主题相关的知识网络,促进学生对主题的完整理解和研究。

课题研究之支撑——后论/207

　　学校在文本重构的行动研究中,以制度统领课题管理过程,以机制促进教师素养提升,保障了课题研究的顺利推进。

后记/223

教育探索之沿革
——绪论

学校以教育科研推进为抓手,以"龙头"学科经验为基础,以学生差异研究为突破,逐步走向基于文本重构的教育行动研究。

立足学生发展,开展教育教学研究,是30年来学校坚守的理念和追求。正是这样的理念和追求,让学校走过了一条坚持素质教育办学,勇于课程改革探索,不断进行教育创新的发展之路。正是在这条路上,学校培养了一支教师队伍,总结了一批学科成果,形成了一套科研机制,孕育了一种敢于教改的氛围;正是在这条路上,学校一步一个脚印,以教育科研推进为抓手,以"龙头"学科经验为基础,以学生差异研究为突破,逐步走向了基于文本重构的教育行动研究,推动了学校真正实现学生是学习的主体、教师是学生引路人的创新发展进程。

教育科研奠基改革之路

通过教育科研,搭建了新的发展平台,凸显了教育教学的示范性、实验性、辐射性,不断提升学校的办学品位,不断创造学校教育教学改革和发展的新辉煌。学校教育科研工作主要经历的几个发展阶段,是文本重构研究的实践基础。

一、以模式建构发展学生个性

上海市基础教育工作会议提出"为了每一个学生的终身发展"的理念,基础教育转型成为新一轮课程改革的主旋律。在这样的现实之下,课堂教学也随之发生了一系列积极变化:越来越强调凸显学生主体,激发学生的学习主动性;强调留给思维空间,调动学生主动学习的积极性;强调鼓励课堂讨论,创造学生合作交流的氛围。

但另一方面因为应试倾向的残存,学校的课堂教学长期以来偏重于学科知识机械记忆、浅层次理解和简单层面上的应用,忽视综合应用和解决问题层面上的研究,因而很难达到促进学生个性化发展和提升学生探究能力的目标。因此,学校以创造教育思想为指导,尝试构建小学课堂教学"导-练-悟"模式,旨在提升一次教学的有效性,进而促进小学生个性化发展。

我们认为"导-练-悟"教学模式构成了课堂教学过程中教和学的主要关系,教师、学生、教材三者之间的相互关系是在课堂教学这一特定的时空范围内展开的。该模式通过优化学生认知过程来优化课堂教学,较为全面地反映了教学过程中的各种关系,抓住了教与学这对主要矛盾。教学模式使师生活动紧密结合,始终贯穿于每堂课教学的全过程。

通过"导-练-悟"课堂模式的实践与研究,我们认为,学生个性化的探究既是一种外显的能力,又是一颗内隐的种子。只要我们始终坚持落实"导-练-悟"课堂模式,尽可能多给予技术支持以及资源保障,相信能更好地帮助学生在练习之中不断领悟,从而更加自主地学习。

作为教师可以选择难易适中的任务,让学生不断获得成功的体验,进而提高自我效能感;可以让学生观察那些学习能力与自己差不多的同学取得成功的学习行为,通过获得替代性经验和强化来提高他们的自我效能感;可以引导学生从失败中找出改进的因素,进而提高自己的学习技能,增强获得成功的自信;可以了解每个学生的需要和兴趣,对学生进行个性化的指导,促使学生对自己的学习承担责任,并积极地投入到学习生活中去;还需要创设一个安全、相互信任和相互支持的学习氛围,对每个学生都要表现出真诚的关注和接纳。

二、以行动研究推进学校实践

我校原名为闸北区彭浦新村第四小学,是区内一所普通公办小学。虽然不是课改基地学校,但是学校始终认为新课程改革给每一所学校面临着前所未有的严峻挑战,更给每一所学校提供了千载难逢的发展机遇,抓住了这个发展机遇,能使学校实现跨越发展,能使教师的专业水平迅速提高,更有利于每一个学生健康成长。

2003年6月学校十分有幸地接受了市教研室关于"上海市小学语文新课程行动研究"课题蹲点研究任务,成为全市两所试点实验学校之一。我们积极开展调研,分别做了小学生学前识字量、听说能力、书写姓名等前测工作,并围绕教学目标、策略和评价等方面着手思考学校可运作的实施方案。

在市区教研员、专家、局领导的悉心帮助指导下,学校的语文教研活动开展得如火如荼,教师对"二期课改"理念随之有了新的认识,课堂教学模式发生了质的变化,学校的语文教学质量也有了明显的提升。

1. 抓实践反思,引领教师专业发展

市教研室的专家来学校蹲点,使我们有了引路人,教师的专业发展有了得天独厚的条件。但是教师要获得持续、迅速地成长,还必须依赖于本身的实践和反思。当然,教师的反思能力并不是一下子提高的,专家的指导就在于对教学的准确诊断,让教师学会反思,检查落实教学设计过程中每一环节的教学行为是否体现了教学设计的理念,是否将预设的教案转化为课堂的教学实践。为此我们建立了校本教研的相关制度,如"校本教研课题研究制度""校本教研表彰激励制度"等,确保了校本教研健康地开展,提升了校本教研的实效。

2. 关注课题研究,深化课堂教学改革

随着课改的深入,在与专家共同研究探讨的基础上,教师的教育技能不断改善和提升,教科研能力不断提高。因此我们确定了从课堂教学实践中"发现问题,确定课题,集体攻关,解决问题"的思路开展课题研究,形成人人参与课题研究的良好局面。学校着手开展"语文新教材单元优化整合"的实践与研究,旨在《新课程标准》的理念指导下,教师能灵活地运用教材,大胆地将各单元中要求学生掌握的知识、技能、方法,对教材进行系统地梳理、合理地编排,使之更加贴近学生的生活实际与已有的知识基础和生活经验,让学生的学习变得更轻松、自如,从而进一步提高课堂教学效率,达到优化整合单元教学资源的目的。五年来,学校以课题研究带动常规教研,让教师们感受到自己在课题研究中的进步。教师在《教育探索》等刊物上不断发表论文,在区级以上获奖和交流汇编的论文有20多篇。其中学校关于《实践"导-练-悟"教学模式,培养小学生创造力》的研究论文在中国发明协会第十一届年会获优秀论文一等奖,2005年第五期《上海教学研究》杂志中专版介绍学校的课改历程。

3. 以点带面,促进全体教师专业成长

学校围绕"蹲点"研究,以校本教研为支点,以优秀教师为典范,创设了各学科的合作性学习、经验分享的平台,为教师的专业成长提供有利条件。学校先后有多项课题被列为区级研究课题,多名教师在市区课堂教学研讨展示中崭露头角。近年来,学校积极为教师搭建平台,不断总结和推广优秀教学经验,引领每位教师的发展和自我超越。特别是语文组聚焦"一堂好课"的研讨,帮助教师打开思路,明确实现"三维"课程目标可以有多种方式、多条途径,有效地营造了和谐的教研气氛,促进教研组业务水平的整体提高。学校语文教研组先后被评为区特色教研组、区共青团号、区工人先锋号。在弘扬典型的氛围中,学校又开展了学校"名师工程"的"三个一"活动,充分发挥了校级骨干教师在同伴互助中的引领示范作用,达到教学骨干以"点"带"面"的良好效果。这些为学校引领教师走专业内涵发展的道路,持续打造一支优秀教师群体带来信心。

总之,在新教材理念的浸润下,在市区专家、领导的指引下,我们的教师学会了思考,知道了知识只是奠定教师课堂教学的底气,而智慧则给教师带来灵气,所以让教育充满智慧是当代教师的天职,更是新课程对教师的要求。学校将本着以学生发展为本的理念,本着"积跬步以至千里"的实践方针,在课程改革的持续推进中勇往直前。

三、以教师技能优化课堂教学

在开展小学语文新教材课堂教学策略研究的基础上,将原先的"识写分流"课堂教学阶段进入到"识写合流"阶段。在进行研究与实践的过程中,我们深切地感受到提高学生的语文素质,是素质教育的重要内容之一。而语文素质的培养中,阅读教学与作文教学是极其重要的组成部分。因为阅读教学是学生积累语言、丰富材料的重要途径,而作文教学,既能从语言文字方面训练学生识字写字、用词造句、布局谋篇、润饰成文,提高学生的书面表达能力,又能从思想认识方面训练学生积极思维,加强学生对社会生活的理解、感受,培养健康高尚的审美情趣和个性品质,为今后的学习、工作和生活奠定良好的基础。

众所周知,读写结合是一个传统课题,但仍长期停留在或重写轻读、或重读轻写的实践上,结果造成读写两败俱伤。作文教学要与阅读教学密切配合,在阅读教学中,使学生懂得,怎样选择材料、组织材料;怎样选择词语,写出通顺的句子;怎样连句成段、连段成文;并注意前后的内在联系。对此,学校就以中年级语文教研组为主从以下两方面进行研究。

1. 进行读写结合的方法与途径研究

整体把握单元教材内容,抓住教材特点,整体确定单元写作重点。课堂读写与单元作文密切结合;整体把握单篇文章内容的特点,找准读写的结合点,读的重点应该成为写的重点;注重以对文章内容的拓展理解、生活化解读和对作者思想、人格的深入认识、评析的写作,提高学生的思想境界和感悟能力;进行典型写作技法的单项训练,积累表达的技巧;注重读评式写作训练,对文章的内容、语言或表达的形式进行审美鉴赏,产生独特的审美体验。

2. 构建读写结合的训练体系

读中探写,要求学生读透课文,做自己写作的依据和参照,并对学生作文的内容作出要求:应是自己的生活、见闻和感受,要写出自己的新意,强调仿写的目的是在学写中再创造。以写促读,在课外阅读的过程中知道并帮助学生养成记读书笔记的习惯,从整体质量看,这并不比命题作文逊色。读写整合,利用阅读资料,科学地设计一些"小练笔",引导学生进行多种形式的写作想象训练,诸如创造式练笔、扩展式练笔、延伸式练笔,等等。

读与写,不能片面地理解成读为写服务。只有正确理解了读写之间相互联系、相互促进的作用,才能既重视阅读能力的训练,又重视作文能力的训练。阅读和写作是两个不同的过程,都需要经过长期的训练才能逐步形成能力。

四、以特色活动丰富德育内涵

当前,学生的品德面貌在学校、家庭、社会、传媒等多重环境的影响下,呈现出复杂多变的状况。面对学生道德素养缺失这一现状,我们结合学生的年龄特点,在学校范围内开展"我争道德币"活动。让学生仿照银行的运作形式,把自己在学校、社会、家庭的优秀道德行为存入"道德银行",达到储蓄美德的作用。在此基础上有效整合德育发展资源,引导学生自主参与道德实践,努力构建学校、家庭、社会三维一体化的"开放式"的教育新格局,从而全面推进素质教育,养成良好的学习习惯和行为习惯,培养具有独立实践个性与新世纪道德素养的社会小公民。

古人云:人之有德于我也,不可忘也;吾之有德于人也,不可不忘也。进入小学的少年儿童,随着生活范围的不断扩大,感知和认识的东西也日益增多,会遇到越来越多的思想认识和道德认识的问题。我国大教育家孔子提出道德修养的仁、义、礼、智、信等,它们所显示的利国、尊亲、爱人、友善、宽容、诚信,正是一个人应具备的优秀品质。在实施"我争道德币"活动后,学校着重从以下几个方面促进学生道德品质的养成。

1. 注重童趣性,引领学生自我参与

在小学中开展"我争道德币"活动更具有可操作性,因为此项活动本身就是一种激励机制。小学生的思维方式和对世界的认知都有一定的局限性,需要进行适当的引导。对学生而言,他们对"道德币"大多充满期待,也乐于接受,这就是最好的引导。在对学生的道德付出给予充分肯定的同时,也给予相应回报。这不仅没有把道德功利化,相反的,这是凭借一种市场运作模式把道德推广出去,鼓励更多的学生参与其中,显而易见,这样的效果远远大于以往的做法。

2. 注重持恒性,促进学生自我约束

开展"我争道德币"活动后,我们惊喜地发现,学生形成了良好的道德品质后,减少了反复性,更能将良好的道德素养保持下去。比如小王同学帮助了小李同学,作为教师和家长最多就是表扬一番。受到教师的表扬,学生自然开心,但因为缺少相应的记录,导致表扬的影响并不持久,从而挫伤了他们的积极性。如今可以在自己的"道德存折"上及时记录,并且每星期还会利用班队会课进行"道德币"统计。其实统计的过程就是再次将获得"道德币"同学的"好人好事"进行发扬光大,这无疑是给增加"道德币"的学生再次激励。同时,对于没有"道德币"的同学起到榜样作用,一定会最大限度地提升他们做好事的积极性。一周一总结,一月一登记,在这样反复的教育下,对孩子道德素养提升起到了潜移默化的作用,所以孩子自我约束的能力越来越强了。

著名的教育家叶圣陶曾经说过:"积千累万,不如养个好习惯。"可见习惯是如何的重要。习惯的养成是一个长期的过程,需要慢慢地积累。而人们的许多习惯都是在童年时期养成的。因此,在儿童时期就培养他们良好的习惯,对于他们以后的生长和发展都具有重大的意义,能够为他们今后的成功奠定稳固的基础。学校根据学生的年龄特点,以"我争道德币"活动为载体,努力促使学生的良好行为习惯的养成。"我争道德币"活动不仅使学校教育、家庭教育、社会教育三者融合起来形成合力,而且让三者成为这一活动的有力保障,使活动的内容、活动的全过程、活动的教育力量成为一个整体系统,归根结底就是用统一的教育思想指导不同形式的教育活动,真正为提升学生良好道德素养打下坚实的基础。

"龙头"学科积淀课改经验

学校的语文学科在区域内拥有较大影响力。语文教研组里,区语文学科骨干教师就有5位,其中3人曾获市园丁奖,6人次获区园丁奖、新长征突击手、岗位教学能手等荣誉称号;一位教师曾获全国课堂教学评比一等奖,两位教师曾代表闸北区参加上海市青年教师教学评比获一等奖。语文大组多次被评为市、区优秀教研组。这样的成绩,得力于学科建设与管理。为了推进语文重点学科的建设,学校结合自身的现状,组建了以校长、教导处、语文大组长为核心的学科建设领导小组。校长亲自挂帅主抓学科建设,学科大组负责具体实施,教导处承担统筹管理、组织协调、监督保障的功能。这种管理机制的建立不仅能减少管理的中间环节,而且充分发挥了校长的课程领导力和学科大组长的专业引领作用,更体现了以教师发展为本,走专业化管理的未来发展方向。

一、校本培训助推教师专业成长之路

校本培训是源于课程和整体规划的需要,旨在满足个体教师工作需要的培训活动。2008年至2010年,为了进一步提升教师读写结合的教学技能,语文组大胆实践,采用"读、理、看、议、练"的新型校本培训模式,即边读边学——在读中更新读写结合教学理念;边理边学——在梳理中制定校本写作序列;边看边学——在微格教研中聚焦研究主题;边议边学——在互相议论中点亮智慧火花;边练边学——在"下水"练习中提高自身水平,不仅制定出了"学生写作序列",总结整理了每一册每篇课文的"读写结合练习设计",而且撰写了"下水作文实效验证"和相关子课题的研究论文等。通过为期2年的培训,课题组教师基本上初步具备了独立分析教材、处理教材、创造性地运用教材的能力。

为了更好地提高学校语文教师的专业素养,开展了语文校本教研,组织课改沙龙和专题论坛,组织教师选学教学报刊上的相关文章,积极引导教学行为,开展了行之有效的"校内活动式专题研究"。为了追求研究的广度与深度,学校与部分兄弟学校自发地联合起来,形成了"校际互动式专题研究"小组,定期开展活动。同时学校还充分发挥教研人员的专业引领作用,邀请市、区语文教研员作专题辅导讲座,向教师们介绍上海市语文基础课题研究的动态、进程和成果。同时还邀请外区教研员参加系列研讨活动,形成了"校区联动式专题研究"。系列活动的开展,有效地推进了课堂教学的改革,为教师的成长提供了有力的保证。

语文组还根据教师自身业务的不足之处进行针对性的培训,加大了练习设计的力度。在出卷、答卷的过程中,发现教师语文素养有待提高。为了促进教师本体知识的提升,学校语文组要求每位教师利用假期完成指定量的阅读练习卷,并且进一步钻研教材,梳理下学期各年级知识点、能力点、考核点,根据各年段的能力考核要求,完成新学期周周练的设计,由此提高了教师对阅读文章的命题及指导能力。

二、专题讨论解决教师教育教学困惑

为了帮助教师解决教学中的困惑,语文组开展了多种形式的专题研讨。如教研组开展"优化练习,提高质量"的专题讨论。活动中,教师们畅所欲言,各抒己见,互相切磋,相互探讨。有的教师指出练习不是题海战术,而是根据学生实际情况设计出有针对性的习题;有的则说练习是帮助教师了解学生学习情况的最佳手段,同时也是帮助学生巩固所学知识的有效保障……通过讨论,明确练习的目的与方法,要学生少而精的练习,教师就必须多而广地进行精心设计与遴选。

为了进一步落实减负增效,提高练习的实效性,各教研组还在教研活动中认真分析学生的学习情况,根据每篇课文的重、难点设计针对性较强的练习,同时抓好练习后的反馈:将学生优秀的答题进行记录,特别是学生容易答错的习题教师进行及时、认真地分析,细致地讲解。通过多种形式的互动型教学研讨活动,既融洽了教研组群体关系,凝聚了同事情谊,也帮助教师解决了教学中的疑惑,有利于教师业务水平的提升,可谓一举多得。

三、课题引领促进教师进行专题研究

改革是教育发展的动力。一所学校如果不搞教育科研,不开展教育科研活动,就没有生气与活力。我们清醒地认识到课堂教学是实施素质教育的主渠道,改革的切入口应放在课堂教学上。在全体教师的共同努力下,历经十年,潜心开展"小学课堂教学'导-练-悟'课堂教学模式"的研究,有效地促进了教师课堂教学能力的提升。

　　2003年随着市教委教研室深入我校的蹲点研究,在市区教研员、专家、局领导的悉心帮助指导下,学校的语文教师对读写结合教学理念有了新的认识,课堂教学模式发生了质的变化。面对成绩,学科组教师并不满足,针对教学中存在的问题又确立了"提升教师读写结合教学技能校本培训研究"课题。该课题于2009年9月被立项为上海市规划课题。在课题深入实践的过程中,各教研组结合本组研究的子课题上研究课,撰写教学案例。通过一系列的研讨、实践,我们梳理了各年级的写作要求,设计了每篇课文的读写训练点,总结了读写结合的教学方法。

　　为了改变目前作文教学内容狭窄、形式单一这一局面,2011年,学科组开展了"拓宽习作教学课程资源的有效策略"的研究。希望通过该课题研究,开发出有利于作文教学的有效资源,形成有序的资源系列,为学生自主写作提供有利条件和广阔空间,为教师开展作文教学,丰富教学手段,提供可供借鉴和利用的资源。

　　在课题的引领下,语文组的每一位教师都成为"专题"的研究者和实践者。2008—2012年中,教师研究的课题也被立项为区级重点课题,撰写的数篇论文参与区级以上评比均获等第奖。

四、搭建平台开展教师教学风采展示

　　近几年来,学校以专家指导为引领,以校本教研为支点,以优秀教师为典范,创设了合作性的互动环境,为教师的专业成长提供有利条件。先后有多项课题被列为区级研究课题,多名教师在市区课堂教学研讨展示中崭露头角,多个教研组被评为区优秀教研组。

　　为了让各层面的教师都能得到发展,给教师们创造、提供了许多学习、展示的机会。近三年来,学校协办了市、区级教研展示活动10余次,这对一所普通小学而言,真是不易。学校之所以极力争取这些展示活动,目的就是为了让教师有更多向专家学习的机会,能够听到更多高质量的课、更多建设性的意见。

　　除了"请进来",我们还让更多的教师"走出去""亮亮相"。尽一切可能送教师参加各级各类的培训,并让教师在各层面进行展示。2007学年度至今,学校共有12人执教市、区级公开课、研讨课,两位教师先后代表闸北区参加了虹口区、长宁

区、徐汇区的教学交流活动。为了让各层面的教师都能得到锻炼,学校利用各种机会,如专题研讨、大组公开研究、校际教研课等活动中让更多教师有上公开课的机会。近几年来,学校语文组教师在各级各类公开课展示的人数比例达到80%以上。

学校的语文学科就是在这样的磨练中,不断地成长,最终成为了支柱。更重要的是在语文学科成长的过程中,它的辐射效应也得以体现,其他各学科也都取得了不小的进步。近年来的教学评比中,我校语文、品社、数学、音乐、美术、探究等学科均获等第奖。在上海市教委基教处、督导室和教研室组织到闸北进行的"课程与教学"专项调研活动中,学校的语文(2位教师)、品社、英语、探究、拓展等学科教师都作为区级骨干教师参与了访谈。这正印证了一句俗话:一枝独秀不是春,百花齐放春满园。

学生差异催生教材解读

学校确定"基于小学生理解的文本重构研究"的课题,旨在解决实际教学中因学生个体间的差异造成的学生群体对同一教材的不适应现象。通过对文本进行重构,从而适合学生个体学习与发展的需要。研究之初我们查阅了相关文献资料,发现对于重构技术微观层面的研究涉及较少,能学习借鉴的实践操作类成果更是少之甚少,所以教师操作起来存在很大的难度。于是我们以优化教师文本重构技术作为突破口,希望能使得更多的教师将文本重构的技术运用到课堂,提高一次性教学的有效性,促使课堂焕发新的活力。此课题成功立项为上海市教育学会课题。

一、让研究成为教师教学常规

新一轮的课程改革,对教师的要求越来越高。它要求教师成为一个"研究者",以研究者的眼光审视和分析教学理论与教学实践中的各种问题,对教材提出新思路,对学生采取新的态度,对课堂运用新的方法,对自身的教学进行新的反思,对积累的经验进行总结,这是教师角色适应与发展的必要条件。

教师在课堂教学实践中,对文本进行重构,不仅为自己的教学提供一个较大的自由度,也对个人能力的培养、潜力的挖掘、思维的锤炼有帮助,更是对提高课堂教学实效性有很大帮助。综上所述,对文本重构就显得格外重要了。它是教师与学生互动、教学与学习统一、结论与过程统一、重构技术与教学融合的体现,它对教师也提出了更高的要求。文本重构后的课堂教学应该更有利于学生接受,扩大学生的知识面,拓宽学生学习渠道,使学生的知识结构更趋于合理化、科学化,使学生能充分主动地学习,以探究的姿态投入到课堂教学中,从而使课堂教学焕发出新的活力。

文本重构能力的发掘,往往决定着教学效率的高低。教师应该积极地深入文本,钻研文本,挖掘文本的潜在性价值;品味咀嚼式地进行文本解析,释放文本的多元价值。根据学生的适切性、价值取向的准确性和素养的提升性来适时适度地对文本进行重构、解析,改变教学方法,才能最大限度地发挥文本的功能,实现文本价值最大化。文本重构中更应注重学生的视角。教师不仅要考虑把教材文本教给儿童,还要设身处地站在儿童的立场上,用儿童的心灵去亲近教材文本、重构文本,用儿童的眼睛去发现教材文本中属于儿童文化创造的那些特质。只有这样,才能充分尊重学生的个性体验,才能给予学生正确的价值引领,才能遵循教学最基本的规律。在以儿童为主体的文本重构,更能使我们紧紧地把握住孩子的心理特点和成长规律,提高教学质量。

二、让重构基于学生个体理解

为了更好地推进教师转变文本重构的视角,优化文本重构的技术,我们让教师围绕在实际运用教材中如何体现"基于学生理解"这一点进行思考。如果要学生理解一个文本,我们可以倒推。当他不理解一个文本时,会出现什么情况?第一,文本信息不完整。这个文本需要依赖其他学习资源的补充,才能提升学生的理解。通常反映在学科学习资料不够。第二,许多文本是割裂的,在不同的时空中出现,所以需要整合,像数学有些知识几个阶段出现过,没有办法做好铺垫和整合,铺垫和整合的技术就成为文本重构的技术之一。第三,学生只有一方面的素材,缺乏对学生思维全程的引领和关注。比如自然课某一个文本,直接给实验要求,直接写实验报告,数学直接给一道题,然后给解答,缺少思考的过程,学法的指导。这个时候,我们需要重构,这个重构要使学生的思维过程得到显性化。第四,这个文本对学生的要求过高,我们需要搭设思维的台阶。比如数学上,一个问题,学生一下子想不出,必须通过各种小问题做小台阶,引导他慢慢理解,这也是文本重构。第五,还有些文本的教育价值没有充分释放,有些文本只是引导学生获得某方面知识,经过重构之后,可以使文本同时承载知识学习、能力学习和情感学习。第六,还有一种文本,使学生带着问题来,一学之后没有问题了,但经过巧妙设计后,既解决一部分问题,又能使学生带着进一步的疑问去自主学习和延伸学习,这也是一种文本处理。第七,还有的文本,原本比较适合于接受式学习和单向传授,经过重构,它比较适合合作学习、小组学习,甚至自主学习。比如我们对常用的一个技术,在学习之前,布置任务单,引导他自主学习,然后在学生自学的基础上,主要对学生的疑问来进行教学,这也是一种重构。

三、让技术架构课堂操作系统

此课题的研究,无疑为全体教师指明了研究的方向。我们利用各大组教研活动,交流各自的学习心得。通过学习,我们对"文本重构"的定义有了新的认识,提炼出了重构的八个技术,建构了实施构架,系统地形成了行之有效的以操作方式、形式、途径为主体的操作体系。

学生是未来社会的建设者,对于文本重构的研究将充分培养学生学习的探究能力。这将是人格化、情绪化的联系与发展。教师是学生学海中的领航者,对教师的知识要求曾经有个很形象的比喻:"要给学生一杯水,教师要有一桶水。"倘若教师的这"一桶水"长期不更新,就会变得浑浊不清,将这"一桶水"倒给学生会误人子弟。我们也常说"学高为师",所以教师的知识应像一股取之不尽、用之不竭、常流常新的清澈泉水。对于教师要掌握一定的"重构技术",则促进教师不断学习,提升专业化水平。要对文本进行合理的重构,教师必须更多地掌握一些专项的知识技能,熟练驾驭教材,使重构后的教学内容和方法更符合学生的实际,激发学生学习兴趣,从而地提升教师本身的素质。

"文本重构"再造教学新貌

课堂教学要为学生服务。教师作为学生的引路人,要帮助学生更好地掌握知识和技能,提高问题解决的能力,必须最大限度地优化组合教材,通过文本重构,努力服务于学生的学习。

所谓文本重构,即指教师根据学生的学习差异、学习需求以及学科本身的知识逻辑体系等对文本进行重新梳理、编排、创造,最终形成更适合学生的学习与教师教的新文本。兼顾目标预设的有效性和教学实践的合理性,是文本重构的核心追求;预判学生能力、厘清教学目标、优化教学环节、变革教学方法、引领合理思维、适配教学资源等,是文本重构的主要关照。

一、文本重构的指向

指向1:重构集中指向于适合学生理解,力求将文本从专家视角转变为学生视角。

指向2:重构更有助于突显教师的教学特长,能够促进教师将自身优势转换为教学资源。

指向3:重构有助于融合学校既有的优势教学资源。

指向4:重构要更加突显学科本身蕴含的知识网络,更有助于学生整体的意义构建。

指向5:重构更易于使学生学习过程成为一个完整的过程,从而帮助学生提升清晰的、强烈的学科情感。

二、八大技术的区别与联系

1. 区别

一是指向不同。文本重构的八大技术有些集中指向显性的教学内容,如文本增盈、价值生成、文本衔接、文本统整技术都是通过对学习内容的增改、编排进行文本重构。二是作用不同。这些技术中有的针对学生学习中的思维活动和意义建构而来的重构,主要体现在思维显性、思维台阶技术中。三是资源支撑不同。如学科整合技术,需要将不同学科的教学资源加以整合。又如显性技术中需要借助更多资源使思维过程得以外显。

2. 联系

虽然从理论抽象而言,文本重构的八个技术都有独立的定义且都可以单独运用,但在教师的教学设计和教学实践中,这八个技术更多是综合运用的过程,是协同创新的过程,绝不能完全割裂应用。

三、"文本重构"中创造行为使教师感受到自身价值

为了使研究实施方案一开始就有一个较准确的定位和良好的起点,我们设计了问卷,以进一步了解广大教师对"文本重构技术"起始阶段的认识和思想动态,从而激发他们的浓厚兴趣,积极拓展思考的空间。

调查结果表明,在未经宣传之前,有90%的教师没有听说过"文本重构技术",有80%的教师严格按照教材教学进度进行教学,在备课和授课过程中,不会主动地参照其他年级或相关学科的教学内容。但有90%的教师也愿意尝试研究,对它抱有积极的态度。许多教师认为开展这项工作的研究对个人能力的培养、潜力的挖掘、思想的锤炼有较大帮助;更有大部分教师把自己进行文本重构技术的研究归结于对课堂教学有帮助,对学生综合能力的提高有促进。通过前期调查,我们感到坚持做好这项研究是有意义的。

在实践过程中,教师改变了原有的角色和教学方式,成为学生学习的组织者、参与者、帮助者、引导者、促进者。例如,学生受年龄的限制,对许多事物一知半解,教师在备课时应尽量地考虑周全,对学生的知识水平有一个正确评估,并据此确定对学生知识水平进行处理的范围,通过现有知识与教师储备知识的处理,获得降低课堂教学难度的效果。

在实际操作中,大部分教师认为要"重构"好文本,是教师坚持"教必有法"的原则性和"教无定法"的灵活性的统一,因地因人地创造性发挥,使教学更赋予个性化和艺术化。从课题组对30位一线教师问卷调查统计数据来看,26位教师认为重构后的教学内容更贴近教学实际,18位教师认为它给自己的教学有了一个比较大的自由度,20位教师能主动写好教学反思,也有一部分能把本学科知识与其他学科教学有机整合,学生需要什么,教师可以根据实际教什么。综上所述,教师对该项研究所取得的实效是认可的,教师在课堂研究中能够找到自身的价值。

四、"文本重构"后教学实践使学生成为学习的主人

教师对文本进行重构后,使原来难以理解的知识变得浅显易懂起来;使原来枯燥的学习生动起来;使原来沉闷的课堂氛围变得宽松、和谐、愉悦起来。学生成了课堂的主人,在师生共同探讨新知识的群体活动中,学生积极主动地参与学习活动;在教师创设的鼓励质疑求异中,学生自主探索,相互间加强合作交流,激发学生学习兴趣。在"学生对文本重构后课堂学习情况反馈"的一百张调查问卷中,我们发现有83%的学生在课后经常讨论现在与以前课堂的区别;有95%的学生喜欢上这样的课,这些学生中有90%的学生认为上课注意力集中了、有48%的学生上课带有强烈的好奇心、36%的学生想获得教学内容以外的知识、76%的学生认为在学习中遇到的问题能独立思考解决,提高综合能力;有87%的学生能认真上好这样的课,并希望能经常上。由此可见,经"文本重构"后的教学扩大了学生的知识面,拓宽学生学习渠道,使学生的知识结构更趋于合理化、科学化,学生的潜能发挥得淋漓尽致。

在对学生的问卷调查中,我们发现绝大多数的同学对革新后的课堂教学是认同的:学生们认为这样的教学更贴近学生生活实际;这样的教学拉近与教师间的距离;这样的教学为学生提供了更宽广的思维空间;这样的教学创设了民主平等的课堂氛围;这样的教学满足学生的需求……

五、"文本重构"后课堂呈现出一种新型模式

文本重构后的课堂教学不应再是"教师讲,学生听"的"满堂灌"教学,也不应再是"教师问,学生答"的"满堂问"教学,而是一种"教师问,学生问,学生辩"的"探究论辩"式教学。这样的教学是一种有组织、有目的、师生平等参与、共同合作、共同发展的交往互动过程。教师是学生学习的促进者、合作者、教学的组织者、引导者,是平等中的"首席"。学生是合作的伙伴,教师要引导帮助学生主动的、富有个性的学习。总之,"文本重构"后的新课堂应该是能使师生共同发展的崭新课堂。

六、"文本重构"后将评价融入到一体化教研模式中

我们还建立了听课新模式,课前5分钟由上课教师概述文本再构的依据以及运用的技术,课后教师们通过评课,发现教师在课堂教学中某个教学活动或教学行为的价值;评价教师的实际教与学状况,获取必要的课堂活动信息,从而对师生在课堂中的行为与活动的优劣及其程度作出判断,为改进课堂教学提供反馈信息,"目标—教学—评价"的教与研一体化融合基本实现。

如今,该课题历时三年多的研究,已经完成结题报告。目前,正结合上海市教委"基于课程标准的教学与评价",进行与课题研究相关的评价体系的研究。应该说,此项研究指向明确,始终关注了教师的教与学生的学这一教育界亘古不变的永恒话题。加之,学校已经梳理出的八个技术,来源于实践,付诸于行动,极具操作性,且可以在今后的实践研究中继续丰富和加强,是一个值得长期研究的课题。

教学内容之拓展
——技术 1：文本增盈

根据小学生线性连续思维的身心发展特征，针对文本省略的部分，对教学内容进行开拓、延伸、补充，使文本内容更完整、更清晰，易于学生理解。

每一篇文本都不是孤立的存在，都与其他文本形成或风格相似、或主题相关的类群文本体系。随着新课程改革的深入，许多教师越来越认识到，在备课、上课的过程中，根据学生的不同情况，需要对原有教材内容进行拓展改编，因此，"文本增盈"成了一线教师课堂教学的基本理念。"增盈"这个词在字面上的解释就是增加盈利，而"文本增盈"就是根据小学生学习线性连续思维的身心发展特征，针对文本中省略的部分，对教学内容进行开拓、延伸、补充，使其内容更完整、更清晰，易于学生理解。

"文本增盈"是充实信息、加深学生感悟、优化思维的课堂教学手段之一。教师常常通过适当的"文本增盈"，拓宽学习和运用的空间。那么，"增盈"什么？如何"增盈"？本章将对教学实践中增盈的内容和方法，分别论述。

价值与意义

课堂教学中文本的增盈应该是学生在教师的引导下，在所学基础上主动创造，充分发挥师生双方的主观能动性和创造性，变"教教材"为"用教材教"。在教材实施中，有效的文本增盈技术将使课堂变得丰富、灵动、充满活力。

一、以人为本，满足不同层次学生的知识需求

由于智力、家庭、环境、学生自身努力等各种因素，学生在学习上的差异十分显著。有些学生的课外知识较丰富，现有教材所提供的信息显然不能满足他们，而教师对文本进行增盈正是为这些学习中上游的学生提供更多的知识，开阔他们的视野、发展他们的思维，进一步激发他们学习的兴趣，并通过适当的拓展为今后的教学打下良好基础。而有些学生的学习基础较薄弱，需要拓展一些知识，搭设一个桥梁来帮助学生学习新知。

进行增盈教学是为了增强学生的文本体验，激发学生的阅读兴趣，优化学生学习的环境，训练学生的思维品质，提高阅读教学的效率，因此，文本增盈必须遵循"以人为本"的原则。所谓"以人为本"，就是要充分考虑到小学生身心发展的规律及其特点，有针对性地进行拓展。具体说就是立足于学生情感上喜欢、感兴趣、可接受、乐于主动参与的拓展点来进行拓展，以充分发挥学生的主体性，激发他们的主动学习、独立拓展、积极思考、勇于表达、努力创造的热情。

二、有效驾驭，促进教师对教材灵活运用

　　课堂教学不是一个封闭的"圆"，学完书本知识并不意味着教学任务的完成，更应该成为学生学习的又一个开端。文本增盈作为课堂教学中一种教学手段，从某种意义上，它突破了原有教材的内容，为原有文本的学习注入了一股新鲜的血液。增盈不是目的，而是手段。它不是文本内容的简单扩充，而是文本内容的有力映射和佐证。它对原有文本的再度深挖，其用意不在于单一拓展学习内容，更主要的是通过适当形式的拓展，让学生再一次体会文本蕴含的内容。

　　长期以来，很多教师都把统编教材当作"圣经"来使用，不敢对教材进行任意地删减，教师往往遵循规定的教法、规定的内容进行相关知识点的教学，导致的结果是：教师被扼杀了自主的精神和创新的能力，实际教学效果不尽人意；而学生失去了自主学习的积极性，失去了学习活动的空间。

　　而教材的多样化也带来了新的观念，教材是服务于教学的材料和工具。教师要根据学生的需要和教学的实际，灵活地、创造性地研究教的内容和方法，对教材有选择的进行使用。教师应从学生的实际情况出发，选择合适的教材，拓展适当的内容，从而扩大视野，开阔思路，才能教得活、教得好。

操 作 与 设 计

　　在教学中，很多教师在教材的使用中都有这样的困惑，教材所提供的教学内容不完整，学生体会不到作者的情感，理解不了文本的内涵。教材的内容缺少情境，不能激发起学生的学习兴趣。综上所述，教师应学会用教材，而不是教教材，因为教材只是主要的教学资源之一。教师要根据学生的实际情况对教材进行二度开发，使用文本增盈这一策略来进行文本重构，可以从以下几个操作点来设计教学。

一、适合学生，针对性拓展

　　文本重构的最终目的是为了学生语言能力的运用，若文本重构增加的内容超出了学生的理解能力，那么便失去了文本重构的意义。因此，增盈的内容要符合学生的实际状况,考虑到学生的生活阅历、认知水平、能力发展水平、地区差别和特征等,有针对性地进行拓展,立足于学生情感上喜欢、感兴趣、可接受、乐于主动参与的拓展点来进行拓展,做到切合学生实际,因材施教,让学生"跳一跳,就能摘到桃子"。

1. 适合学生的学习兴趣拓展

教材中的有些文本内容,非常贴近学生生活,学生学习兴趣浓厚,学完一篇课文,学生还意犹未尽,这时教师要有针对性地向其推荐相关的课外读物,使阅读向课外、课后延伸。例如,上完《蝙蝠和雷达》一课后,学生对于"科学家还从什么动物身上得到启示?"这一问题感到很有兴趣,于是教师马上拓展了"从青蛙身上发明了电子蛙眼"的资料,学生读得津津有味,这时,教师又进一步推荐学生利用课余时间去阅读《仿生学》,从而使学生明白阅读教材仅仅是个"起点",要使自己到达"终点",这一路上要阅尽"无数的风景",从而引导学生大量阅读,拓宽自己的视野和知识面,丰富自己的修养。这样的增盈才是真正适合学生兴趣的拓展,进一步为学生架设了阅读的桥梁,自然而然就使孩子的阅读触角伸向课外。

讲授新课时,作为教师,应给学生提供解读、感悟文本的广阔的知识背景和文化背景,努力让文本在学生面前丰满起来、文本厚实起来,扫清学生解读文本的知识障碍,拉近学生与文本的距离,为学生的学习搭好平台。

2. 适合学生的学习目的拓展

文本增盈最终是要提高学生学习目标的达成度,而不是仅仅为了一堂课的精彩与热闹,不是为了满足教师自己的兴趣。每一节课,教师都要根据学生的实际情况确立教学目标。而学生学习目标的实现情况,也是衡量一节课是否成功的重要指标。因此,在教学中一定要结合学生的学习目的来进行拓展,也只有这样的拓展才是符合课堂教学原则的,才是有效的。

如《高山流水》是五年级语文教材中的一篇经典古文,这篇古文教学的目的是要求让学生理解文意,体会悲伤的情感,但是由于古文创作的年代较为悠远,所以学生在深刻理解文意、体会文章意境方面有一定困难。教师为了帮助学生更好地理解,在教学设计中创设了一个情景——在体会子期死、伯牙绝弦时,让学生展开想象,创造性地说说伯牙在子期的坟墓前怎么做怎么说。实际教学中,学生果然迅速进入情景,仿佛穿越几千年的时间长流,站在那场景之中,对伯牙断琴绝弦之时内心失去知音的悲痛之情感同身受。于是,在诵读课文最后一句时,学生们就能较好地调动刚才累积的悲伤情绪,仿佛他们自己就是那失去知音的伯牙,在饱含悲伤地呐喊。

又如牛津英语教材 4B Module4 Unit2 这一单元围绕着 Festival in China 向学生介绍了中国的传统节日,目的是要求学生掌握中国的传统节日,因此教师在备课时,将学生能了解重阳节的习俗作为本堂课的一个文化意识目标。基于这个目标,教师模仿本单元"The Spring Festival"一文,编写了一篇介绍 the Double Ninth Festival 的课堂文本。在这个文本中介绍了重阳节的时间和传统意义,重阳节的习俗以及重阳节在现代的意义。补充了教材文本中没有提及的内容,帮助学生更好地了解这一中国传统节日,提升了文化内涵,使得课堂上的知识更充实,课堂学习更扎实、有效。

3. 适合学生的学习能力拓展

拓展延伸时,增加的内容要符合学生的实际状况,包含学生的生活经验、生活阅历、认知水平、知识积累、学生能力发展水平、地区差别和特征等,要真正做到切合学生实际,因材施教。因此,教师在安排教学内容时要适当变换内容或改变难度,使每一位学生都感到亲切,都有话可说。教师注意照顾学生个性差异,充分考虑不同层次学生的"最近发展区",设置一些难度各异的学习内容,多设计一些不同层次的训练项目,以供学生自由选择,各取所需。立足课堂实际,考虑时间、场地、情景的限制。否则,再精彩的拓展延伸,也不过是一种表演或作秀,比作一只"绣花枕头"恐怕并不为过。比如,四年级美术教材中《层迭的花边》一课属于美术造型表现范畴,要求学生画出不同的花边,对于四年级的学生来说,要求在一节课上画出不同形式的图形,是有一定难度的,所以教师干脆不说这两种画法,而是制定了一个目标就是强调了线条的画法和色彩的搭配,这样既降低了要求,也让学生在实践中有了指导的方向。结果学生的作品呈现出了空前的漂亮,学生的兴趣也有所提高。

因此,教师增加的内容一定是适合学生的,一切都要从学生出发,一切都必须从学生的认知水平和语言基础出发。脱离学生实际过高或过低的文本资料,必将阻碍学生能力的发展和开发。

二、适应时机,有效性补充

文本增盈应该融合在课堂教学的每一个环节之中:它的出现,是随机的;它的宗旨,是服务于文本运用的;它的方式,也应该是灵活的。其实,文本的拓展和增盈可以灵活地安排在教学的不同时段。所谓"适时"对文本进行补充,是要求教师将着眼点放在"时"上,就是说文本增盈要注意时机,要选择合适的时候。

有效拓展应突破时空的限制,教师应根据课堂的变化随时注意调整拓展内容。拓展应在课堂的主体与载体文本两者碰撞中找最佳时机,学生与文本对话过程中最有拓展必要时就是最佳时机。适时拓展最能激起学生的求知欲望,激活学生的各种思维,达到事半功倍的效果。

1. 接近文本,收集储备信息

为了让学生了解文本的写作背景及相关知识,为学生学习课本储备能量,激发学生学习课文的兴趣,丰富学生的感性认识,往往采用课前收集的策略。课前收集主要是做好预习文本、搜集信息、初步感知文本的工作,它有助于学生对文本"建构属于自己的意义理解"。课前搜集信息让学生在上课之前有了一定的知识储备,更易于接近文本,学生学习就轻松了。

在五年级的英语教学中,有一个单元是西方节日的教学,在教授"复活节"这一主题时,由于学生对西方的复活节了解的不是很透彻,在生活中又很少接触到有关复活节的信息,更谈不上什么生活体验,如果仅仅是按照课本上的单词句型教给学生,学生只能学习到一些单词和句型,如此一来就失去了英语学科跨文化教育的特征。于是在执教这一课时,教师设定了 Easter 这一话题,整合了教材上有关复活节的内容,从英文报刊上摘取了一些复活节的内容作为补充信息。考虑到每学年第二学期的时间特点,为了让学生对西方节日有一个更感性的认识,近距离地体验西方节日,教师还适时调整了课程进度,把西方"Easter"这一课时的内容提前安排在 4 月 20 日之前教授(2014 年的复活节在 4 月 20 日)。通过适时地对复活节相关资料的增加,让学生能更多地了解复活节在西方的重要意义。语言的学习不是为了学而学,而是为了用而学。语言的学习也不是单单学习语言,更多的是学习文化。所以,挖掘节日背后的文化内涵,可以帮助学生更好地学习英语这门语言。

2. 依据学生诉求,渗透补充资料

在学习过程中,学生往往会遇到难点或疑点,这时利用拓展材料就能够很好地帮助学生自主学习,做到"无师自通"。资料补充是手段,而非教学的目的,其效益在于通过文本补白引发学生对教材文本的再度体验。因此,教师要在充分考量学生接受能力的基础上,创设时机及时出手。学生在理解、研读教材的基础上,会不自觉地将补充材料与文本内容进行对比、整合,将两者信息互相渗透、相互补充,这有助于学生较为准确而深入地理解文本。

从课堂环节来看,教师可在教学之初,通过收集资料进行背景知识的铺垫;可以在教学过程中,通过拓展突破教学难点;可以在教学尾声提升文本主题,从而使得资料的引入作用凸显在关键时、核心处。课中拓展应当以课内材料为主,课外材料为辅,课内课外互相渗透、互相借鉴,使得不同角度的信息在教学中形成合力。这样的信息呈现,可以锻炼学生阅读、处理多种信息的能力。

比如,五年级语文教材中有一篇《捅马蜂窝》的课文,教师在研读教材的过程中,认为文章最精彩的当属"我"心理活动的描写。但是教师又发现,文中描写的马蜂对于久居城市的孩子来说的确是比较陌生的,对于战斗机的作用、特点,男孩子可能稍有了解,女孩子也少有接触。对于缺乏这些方面知识的学生来说,要想读懂课文、体会作者感受就有一定的难度。因此,在教学过程中,教师有意识地补充介绍了马蜂的知识以及战斗机在战斗中的特点,进一步补充了文本的内容,以帮助学生更好地理解感悟马蜂的凶猛,体会作者的情感。

品社学科是一门需要大量知识储备的人文学科,教师需要增加大量的资料帮助学生理解相关知识,如五年级《我们越走越近》一课,教师在进行备课时发现,在使用过程中,教材提供的信息量并不多,对三位航海家的介绍较少,航海路线和地图说明也没有,而航海时代后,人类最重要的三大时代,也没有相关介绍。在这样的情况下,让学生学习和体会人类文明发展的历程,内容是有缺失和跳跃的。于是,教师通过书籍、网络等多种途径,搜集了三位航海家的航海路线和地图,让学生通过图表,感知他们的足迹走遍世界的绝大多数地区,为学生初步树立"联系世界"

的观念做了一个铺垫。

三、适配文本,合理性反哺

增盈要以文本为根本,是我们在进行教学拓展的过程中始终需要牢记的一点。确实,教材不是孤立的文本,教学需要拓展,但是,增盈一定要立足文本,适合文本,我们决不能为了增加而补充,不能让延伸成为形式。增盈的时机、增盈的内容、增盈的宽度和深度……都要适合文本来展开,文本增盈,要超越文本,更要反哺文本,离开文本的增盈那是无本之木、无源之水。立足文本的增盈,是文本解读的延伸和补充,甚至可以说,它本身就是文本解读的一种形式。

1. 立足题材

在补充文本时,一是要关注学生对题材的熟悉度。当学生对这一题材是熟悉的,则补充的文本主要立足于进一步激活学生的学习兴趣;而学生对学材相对陌生时,则教师应当通过文本补充,尽快帮助学生增加对学材背景性知识的了解,从而降低因陌生感而造成的学习障碍。二是要关注题材在学科知识体系中的作用。不同的知识点在学科体系中作用与地位不同,一些知识点可能是关键性的核心知识,一些可能是能够起到前后衔接的基石性知识,不同作用的知识点文本增盈的关注方法是不尽相同的。三是要关注题材的学习难度与价值含量。当教师碰到学习难度较大的文本时,可以提供相似内容但难度较低的补充文本;一些内容丰富,具有育人价值的文本,教师就应当更多考量既有文本与补充文本的价值引领功能。

教学《燕子》一课,教师考虑到学生对小动物的喜爱之情,所以在教学设计时,教师让学生模仿文章中对于燕子的写作手法,写一写自己熟悉的小动物的外形。为了写好动物的外形,学生往往再次反复读课文,去领会这段文字在写法上的特点,文字中蕴涵的情感。因此,这样进行拓展,学生在不知不觉中深入品味了语言,更进一步提炼,深化了语言。

2. 紧扣主题

文本主题的研讨往往是课堂教学的重点和难点,因此从文本主题的角度加以拓展,可以让学生更容易透过现象认识本质。我们在阅读教学时,教师有意识地将教材中某些有着相同或相似主题的课文进行归纳拓展,引导学生对这些课文的主题的共性进行深入的分析归纳。这不仅是学生对文本的整合和深化,更是学生对某一主题进行的深入思考。

如上海牛津英语教材三年级"Shopping at the fruit shop"一课,本堂课的学习主题为Shopping at the fruit shop,在教学设计时,教师紧扣教学主题,设计了如下教学环节:出示水果类单词的图片,通过图片创设的情景激发学生开口表达的兴趣;最后环节,根据课文内容创设真实的商店购物的语境,让学生扮演营业员和顾客,进一步提升学生的积极性。在实际教学中,通过呈现真实的场景,辅之以生动的语言和音乐渲染,再现课文所描绘的情景,使学生如闻其声、如见其人、如临其境,通过一个个真实的场景,不知不觉把学生带入到了课文的学习之中,激发了学生的兴趣,陶冶了学生的情操。

3. 整合版本

新课程改革实施以来,各门学科都相继出现了许多版本的教材,这些教材各具特色,需要教师整体理解、把握、补充,最终在课堂上呈现给学生的应该是具有教师本人教学风格和特色的教学内容。在使用一种教材进行教学时,有时候会发现只使用一种教材进行教学太过单一,这时,教师不应该只是简单地教授教育部门统一指定的教材,而应该选择适合的教材并有效地整合不同版本的教材,促进学生的发展。因此,教师可以借鉴其他教材的相关内容,来补充于教学之中,丰富教学的内容,拓展学生的认知,下面以英语学科为例来进行说明。

现在供上海普通小学使用的教材为牛津英语和新世纪英语两种教材,于是可以将新世纪英语中要求掌握而牛津英语中没有的知识点融合到牛津英语的教学中,根据建构主义理论,立足模块及单元,对每一课时的文本进行补充,使两种教材互相渗透,使学生学习牛津英语的同时,拓展了词汇量,提高了英语语言能力,又提高了学习效率。

如牛津英语1B M2U1 Toys I like 中,需要学生掌握的单词为:ball, doll, kite, bicycle。句型为:I like ... s 和 I like the ... It's ... 来表达自己喜欢的玩具。而新世纪英语中相对应的内容有:jigsaw, transformer, yo-yo, jet 这几个表示玩具的单词,于是教师可以将这两个内容整合在一起,经过文本的重新组合及增加之后,牛津英语与新世纪英语的教材内容已完全的整合在一起,每一课时的教学内容更加丰富,教学节奏更加紧凑。从中我们可以看出,两者的教材内容并不是简单的叠加而是相辅相成,相互作用。这样,既拓展了学生的词汇量,又增加了学生运用所学语言的机会,帮助他们进一步巩固课文内容,真正达到提高学习效率,提高学生英语语言表达能力的目的。

当然,并不是所有的参考资料都可以直接拿来在课堂上使用。教师必须在课前对这些资料进行认真地分析,要取其精华,去其糟粕,把适合不同阶段、不同层次学生的资源进行归类和提炼,作为对课堂教科书之外的有益补充。

调整与说明

文本增盈所拓展补充的内容一定是基于学生的。一切都要从学生实际出发,一切都必须从学生的认知水平和语言基础出发。

一、制定文本增盈的目标

在对教学内容进行补充时,要以适合学生的兴趣,适合学生的学习能力为前提,恰到好处的教学补充能够激发起学生的学习热情。

1. 扎实——有价值的拓展

在教学中,引领教师能够脚踏实地、扎扎实实地研读文本,实实在在地谋求拓展,让学生切实学到新的知识,进一步扩展自己的知识视野,并且在这个学习过程中,获得积极的情感体验,产生主动学习的良好愿望。要仔细观察学生在增盈之前和增盈之后的学习状态和能力是否发生了变化,没有变化则失去了增盈的价值。

2. 高效——有效率的拓展

在进行文本增盈时,一是要根据学生接受能力的高低、基础的好坏、成绩的优劣、思维的活跃度等诸多因素,充分考虑本次拓展对学生的意义和效果;二是要考虑到效率的高低,如果没有效率或者只是对少数几个学生有价值,那么这样的拓展就是不成功的,不应作为我们努力的方向。

此外,文本增盈时,还要注意:文本补充,既要重视内容,也要关注形式;文本延伸,固然要"广积粮",更要"深挖洞";文本拓展,要充分考虑到学生的"前经验";文本充实,要能"放"得出去,也要能"收"得回来。

总之，文本的增盈不是作秀，更不是时尚元素，我们不能为拓展而拓展，为搜集而搜集，而应该进行适度的"拓展"，高效的"充实"，智慧的"延伸"，使增盈真正为学生的发展服务，拓宽学生的知识视野，扩大学生的思维领域，发展自主学习的能力，提高读写创新的能力，提高学生的综合素养。

二、把握文本自身的价值取向

教材提供的文本是有限的，课堂拓展应在立足文本的基础上，突破"文本"的限制，对文本进行有效地拓展与超越，但拓展延伸应该围绕课文的主题和教学目标、教学重点和难点。任何离开课文的拓展延伸都是空中楼阁。为了拓展，囫囵吞枣地学习课内知识，忙于"表演"和"作秀"，是无法真正拓展延伸的。拓展延伸是为学生深入理解教学内容服务的，不能让内容为拓展延伸服务。正如于漪所说："离开文本去过度发挥，语文课就会打水漂。"所以教师在对课文拓展延伸时，首要的任务就是深挖教材、紧扣文本，尊重教材自身的价值取向。

1. 文本内容的拓展补充，是为了让学生更好地学习新知

拓展的文本，需要教师根据自己班内学生的情况来梳理文本，来重构教材。有些班级的学生，知识积累比较丰富，基础知识也掌握得很好，于是，教师可以适当地增加文本的难度，拓展书本的内容，从而拓宽学生的知识面，达到预期的教学目的。而有些班级学生的基础知识掌握较差，如果教师可以对文本进行层次性的增盈，从基础知识着手，这样就能达到增盈的目的。

2. 拓展要以学生的兴趣点出发

关于拓展，学生的能力和兴趣是关键，若课堂拓展的内容太多，但是学生毫无兴趣，不仅没有体现出拓展的效果，反而加重了学生的课业负担。所以拓展必须以学生的兴趣点出发，根据学生的特点，适当地增加一些比较活泼的学生活动，让学生表演，发挥他们的长处，从而切实地达到增盈文本的目的。

三、提升教师研读教材的基本功

文本增盈对教师也提出了更高的要求，教师必须有以下的基本功。

1. 研究教材

教师的首要任务是研究学习者的真实兴趣,学习困难和学习需求,因此教师要潜心研究教材内容以及编写的意图,充分挖掘其中的文化知识及相关背景知识,引导学生理解文本的深层知识和人文价值,在此基础上,教师根据学生的实际情况,进行合理地补充和拓展。

2. 广泛阅读

许多教师或许都会有这样的困惑,除了教材中的知识外,很难挖掘出深层次的文化知识,归根到底,是因为教师自身的文化功底不扎实,文化视野不宽阔,阅读范围不广大。因此,教师要大量阅读有关语言与文化的书籍,从而加强自身的文化功底,拓展文化视野。

总之,教师在钻研教材过程中要精心选点、设点,从学生的需要出发,恰到好处地挖掘文本,有效地利用资源,使拓展成为整个课堂教学流程中错落有致、装点得体的亮点和花絮,成为学生提高文化素养的一个生长点、发展点。这样,拓展才能在教学对话中激发出生命的智慧和创造潜能的火花。

课堂需要拓展,拓展要依据文本,我们应从文本出发,恰到好处的挖掘文本,有效地利用各种资源,使增盈成为整个课堂教学流程中的亮点,成为提高学生学科素养的增长点。

案 例 举 隅

通过以上叙述,可以知道文本增盈技术的操作与调整的过程。下面将通过三个完整的案例,以期能够全面呈现文本增盈技术。

[案例一][1]

2AM3U1　In the children's garden

【案例背景】

英语学习的最终目的是要使学生能用所学的语言在一定语境中交流思想、获

---

[1] 案例提供者:闸北区第四中心小学　徐臻

取信息。而英语教材仅仅提供了语言知识点,没有话题内容,缺乏一定的语言情境,使学生无内容可讲,这便违背了英语学习的初衷。因此,教师要对文本内容进行文本增盈,也就是对教材的文本内容进行完整处理和补充,创设英语情境,提供语言环境,使学生有内容可讲,有话题可交流,真正地达到用英语交流思想的目的,最终能培养学生的语用能力。

【调整一】

《英语(牛津上海版)》2A Module3 unit1 In the children's garden (Look and say) 这一课的重点包括词汇:slide, swing, seesaw 句型:What can you see? I can see...

在第一次教学时,教师便将教学的重点放在句型 What can you see? I can see...上,先从教室内开始,我问学生 What can you see in the classroom? 学生用新授句型 I can see some desks/chairs...进行回答,复习了物品类单词,并学习了 I can see...句型,然后再问学生 What can you see in the park? 开始新授本课新单词 slide, swing, seesaw,并用刚学会的句型 I can see...进行交流。

这样的教学虽然教学目标明确,在课上学生能用 What can you see? I can see...进行交流,但是在教学中缺乏一定的语境,对于两年级的学生来说很难激起他们学习英语的兴趣。英语是一门需要学生大量实践的课程,学生只有在语言真实、语境真实的交际活动中,才可能形成运用英语的能力,达到教学的真正目的。基于此,教师对教材文本作了一定的增盈。

根据教材内容,教师将重点放在对话上,根据学生已学过的知识将对话文本加以丰富。除了可以问 what can you see? 之外,还可以结合旧知 What colour is...? Do you like...? 等内容补充于重构文本之中。重构的文本不仅突出本课的重点语言,同时将旧知融入对话之中,实现语言的螺旋式上升。

重构文本如下:

In the park

Tom:What can you see, Alice?

Alice:I can see a slide.

Tom:What colour is it?

Alice: It's green. I can see a blue swing too. What can you see, Tom?

Tom: I can see a seesaw. It's yellow and big.

Alice: Do you like playing on the seesaw?

Tom: Yes, I do. It's fun.

【调整二】

调整后的教学过程是，首先教师出示了一张公园的图片，问问学生的感受，Do you like the park? How is the park? 使学生能够进入到公园这个情境之下，在上课伊始便能激发起他们学习的兴趣，然后问问他们看到了什么，学习单词 slide, swing, seesaw，在教新单词的同时，教师把之前所学过的颜色类单词及句型都补充到教学之中，问学生 What colour is the slide/swing/seesaw? 使学生之前所学过的知识再一次得到了复现，巩固了之前所学过的知识，学生学习完新授内容之后，再整体让学生听重构文本的录音，使学生整体感知内容，然后再进行表演，达到操练句型的目的。

【教学反思】

1. 创设情境教学

教材中的文本只有 What can you see? I can see…这样简单的对话，并没有出现人物间的对话，缺乏一定的人物交流感，因此在进行文本补充时，首先添加了两个小朋友们熟悉的人物，Alice 和 Tom，并且在对话中融入了 what can you see, Alice? 这样的交流，虽然只是简单地在 what can you see 后面加了人名 Alice，但是小朋友读起来却是更加亲切，更加自然，更加生动了。

2. 激发学生兴趣

这一课时的主要句型是 What can you see? I can see…因此书本上只呈现了三个句子的教学内容，如果教师就按照教材上的内容进行教学的话，就过于简单和枯燥了，也很难激发起小朋友学习英语的乐趣，但是二年级学生掌握的词汇量和句型很有限，教师该如何对文本再度进行增盈呢？既能有所拓展但是又能使小朋友接受呢？于是教师把之前所学过的颜色类单词及句型都补充到重构文本之中，使学生之前所学过的知识再一次得到了复现，巩固了之前所学过的知识，而且重构的语篇存在于一定的语境当中，这样能够激发学生的学习兴趣，调动学生的语用情趣，提高学习的有效性。

3. 升华文本主题

在确定了重构文本内容之后,为了使主题得到升华,于是给重构的文本确定了一个主题 in the park,并且在语段的结尾处用 it's fun 进行收尾,以此更好地丰富了语段的内容。在这个重构文本中,教师为文本设置了一个主题"in the park",使学生更好地融入到学习语言的氛围中,在小学英语教学中,为学生营造一个奇妙的情境,能够有效辅助教学,更有利于提高学生驾驭英语的能力。以上重构的文本内容既拓展了学生的词汇量,又增加了学生运用所学语言的机会,帮助他们进一步巩固课文内容,真正地达到提高学习效率,提高学生英语语言表达能力的目的。同时也让学生在情境中层层递进对单词、语句、语段进行训练,达到语言训练、语境设计与情感体验的有机融合。让学生真正感悟到"一切课程皆体验,一切体验皆课程"。

[案例二][1]

《回乡偶书》

【案例背景】

现在大多数语文教师的古诗教学都是比较单一的,教会学生背诵,理解诗句的意思就可以,学生学得一知半解。

文本增盈是文本重构中的一种技术,就是根据学科教材的特色和学生学习的需求,对教学内容开拓,延伸,补充,使之内容更完整,更清晰,易于学生理解。

很多时候,教材所提供的材料并不能满足学生的求知欲。这就要求教师根据教学对象的实际情况,采用文本增盈技术对教材内容进行重构,补充教学内容。

【调整一】

在这堂课中,教师指导朗读古诗方法到位,学生也能当场背出,只是觉得学生学得较被动,对于古诗的理解也只局限于课文的插图以及教师的讲解,教学方法比较单调,学生的理解也只浮于表面,学生学习兴趣不浓。

针对以上情况,教师重新备课,采用了文本重构技术:

---

[1] 案例提供者:闸北区第四中心小学　华玲

教材原有文本为:古诗原文及插图

根据教材内容,可以将教学重点放在了解古诗背景和理解诗文意思,反复诵读古诗上,从而让学生体会诗人怀念家乡,怀念亲人的思想感情。重构的文本不仅补充了学生感兴趣的资料,而且突破了本课的教学重难点,达到了教学目标。

重构文本如下:

古诗背景补充:

贺知章(650—744)唐朝诗人。字季真,自号四明狂客,越州永兴(今浙江萧山)人。证圣进士,官至秘书监,后还乡为道士,他以写七绝为见长。

贺知章一生仕途顺利,直到86岁才告老还乡,离家已经50多年了。在离开京城时,文武百官都来送行,直到城门外,唐玄宗还亲自写诗送行,真够风光荣耀。当他以一个普通老人的面貌回到阔别了50年的故乡时,一切都改变了,儿童都不认识他了,唯一不变的是乡音。

古诗理解补充:

韵译:少年时离乡,到老了才回家来;

口音没改变,双鬓却已经斑白。

儿童们看见了,没有认识我的;

他们笑问:这客人是从哪里来?

【调整二】

一、谈话导入,据题质疑

1. 复习导入

同学们,上学期我们学过一首古诗叫《咏柳》,你还能背下来吗?(指名背再齐背)

2. 介绍背景。(出示课件)

你们还记得这首诗是谁写的吗?对,他是诗人贺知章,他以写七绝为见长。他一生仕途顺利,直到86岁才告老还乡,在离开京城时,文武百官都来送行,直到城门外,唐玄宗还亲自写诗送行,真够风光荣耀。当他以一个普通老人的面貌回到阔别了50年的故乡时,又是一番怎样的场景呢?

3. 揭示题目:

今天,我们来学习古诗《回乡偶书》。(师板书课题)

二、自主合作,初步感知

师:自由读诗,边读边观察,你发现了什么?或者你读懂了什么?

1. 生自学,并在小组内交流:自己读懂了什么?

2. 检查反馈:(课件)

① 出示生字新词,指名读,师生纠正

② 指名读诗、范读(出示课件),生画节奏

③ 分组读诗

④ 齐读古诗

三、细读品味,感悟理解

1. 学习第一句(课件)(出示第一二行)

引导学生边观察插图边说意思。(板书:少小、老大、音无改、鬓毛衰)

2. 这两行诗的意思是什么?(自己试讲,再讲给同桌听,最后全班交流)

3. 指导朗读:想象一下,如果你是作者,在阔别多年后又返回到养育了自己的家乡与故乡的人们团聚,想到家乡人民的热烈欢迎、盛情款待的情景时一定会兴奋不已。现在谁能用读出作者此时的喜悦心情?(指名读、齐读)

4. 总结学法:

请同学们回忆一下,我们刚才学习的方法。(生试讲,师概括:抓住重点字词,联系上下文或观察插图,理解诗意。)现在请同学们运用这种方法来自学第三四行诗句。

5. 学习第二句:(课件出示第三四行)

师:幻想当时的情景,你认为儿童会说些什么呢?

师:你能想象出作者当时的心情吗?(无奈、忧伤)指导朗读古诗。

6. 串讲诗意,体会情感:

从这首诗中,你体会到什么?(板书:思乡)

小结:是啊,"月是故乡明,人是故乡亲,树高千丈,叶落归根"诗人少小时离开家乡,年纪老了才得以重返家乡,离开家乡久了,一切都可以改变,唯有"乡音无改",这无改的乡音里流露出诗人对家乡的深情厚意,同时又有淡淡的忧伤,那么我

们就带着对家乡的思念,怀着淡淡的忧伤读一读这首诗。

7. 指导朗读。(试读、指名读、齐读、试背。)

四、表演想象,拓展延伸

1. 师:同学们学得真起劲,下面请同学们根据诗的内容,结合自己的想象,试着将《回乡偶书》编成故事,再与同伴合作演一演。(提示:如果你是贺知章,离开家乡几十年之后,回到自己的家乡,你当时的心情会怎样?你当时看到的、听到的和你想象中的一样吗?)

2. 齐背古诗,并边背边想象情景。

本堂课,教师取得了很大的成功,学生也饶有兴趣,积极投入。在古诗教学中运用情境教学手段,孩子们会感到"易""趣""活",课堂上不在是那种没完没了的单调重复的各种习题和可有可无的乏味的回答,学生的视野、思想也不被禁锢在小小的教室里,通过表演,诗中那鲜明生动的形象,真切感人的情景及耐人寻味的情感,都会深深地印到学生的脑海里。

【教学反思】

古诗是我国的经典文学,是宝贵的民族文化遗产。现在,我们小学阶段学习古诗能使学生学习古人的语言表达,发展他们的思维能力、审美能力和想象能力,并能增强爱国主义情感。

但对于孩子来说,学古诗有一定的难度,最主要的是古诗的语言表达和现代文表达有所不同,很多内容不能理解,常常造成学习的问题:死记硬背,不注重理解,记不熟,记混,错别字现象严重。而对于教师来说,也存在着忽视古诗词教学的规律,不重视诵读教学的情况普遍。

很多时候,教材所提供的材料并不能满足学生的求知欲。学生只会根据拼音来诵读古诗,但并不理解其含义,学得较枯燥。这就要求教师根据教学对象的实际情况,对教材内容进行重构。

诗歌作品是在特定的时代产生的,鉴赏作品就一定要结合作品的创作背景。要鉴赏诗歌,首先要把握诗歌作者的人生经历和文本的创作背景。了解他生活的时代,有助于理解古代文学作品的思想内涵。在此案例中,教材仅仅提供了古诗及生字,而缺乏一定的语境,对于两年级的学生来说很难激起他们学习古诗的兴趣。

于是,教师对教材文本作了一定的准备。

1. 了解古诗创作背景

让学生了解作者的生平及洞悉一首诗产生的背景,不仅能够明了诗人写作的意图,理解诗的含义,而且往往能够引起学生与作者的情感共鸣,使主题得到升华。

(1) 想象一下,如果你是作者,在阔别多年后又返回到养育了自己的家乡与故乡的人们团聚,想到家乡人民的热烈欢迎、盛情款待的情景时一定会兴奋不已。现在谁能读出作者此时的喜悦心情?

(2) 是啊,"月是故乡明,人是故乡亲,树高千丈,叶落归根"诗人少小时离开家乡,年纪老了才得以重返家乡,离开家乡久了,一切都可以改变,惟有"乡音无改",这无改的乡音里流露出诗人对家乡的深情厚意,同时又有淡淡的忧伤,那么我们就带着对家乡的思念,怀着淡淡的忧伤读一读这首诗。

2. 理解古诗词的内涵

点击重点词语:少小、老大、乡音、无改、鬓毛衰,引导学生边观察插图边说意思并随机出示:年少、年纪大了、家乡的口音、没什么变化、老年人须发稀疏变白。在理解关键词语的情况下,让学生连起来说一说,并出示韵译,深入理解古诗,加深印象,采用多种形式进行诵读,最后达到背诵的教学效果。

重构文本,补充与古诗有关的资料,了解历史,了解诗人,则有利于把握诗歌的情感动脉;掌握古诗的语言表达,更有利于解决教学过程中的难点理解。这些方面都可能成为古诗教学中的突破口,使学生真正理解诗意,感受诗人当时的情怀,从而喜欢古诗,并且掌握诗词的表达以及学习古诗的一些基本方法。

3. 补充古诗的空白部分

爱表演是学生的天性。学生要表演,首先要熟读课文内容,深入理解课文语言;其次要展开想象的翅膀,设计表演过程。因此,课堂表演能促进学生正确理解并灵活运用课文语言,是学生进行语言实践的有效方法,也是对文本情感空白的补充。

[案例三][1]

《运河名城——扬州》

【案例背景】

《运河名称——扬州》是五年级品德与社会第一学期第二单元中的一课。都是讲述了由于运河的开凿而兴起的城市。而扬州这座古城之所以有名主要是因为它的景色优美、名人辈出以及它的深厚的文化底蕴。而在我们的教材中,编者只用了简短的语言,几幅代表性的图片进行介绍。为此我觉得只有结合学生的实际,完备教材的内容才能真正让学生体会到扬州的精致。

【调整一】

小组交流资料,感受扬州的繁华

1. 师:说起扬州,大家一定对它不陌生,有些同学还去游览过呢!请你用简单的一句话说说对它的印象。

2. 学生交流感受。

(板书:风景秀丽)

师小结:看来在大家的眼中,扬州是一座受人喜爱、风景秀丽的运河城市。的确,扬州的美景被世人所称颂,课前我们对扬州的名胜古迹以及历史文化进行了调查及资料搜集。现在以小组为单位来交流!(课件出示分组交流的要求)

3. 学生以学习小组为单位交流扬州名胜古迹和历史文化的资料。预设:

(1) 扬州市花——琼花

师小结:貌美质柔的琼花不仅是扬州的市花,更成为了不畏强暴,不畏权势,爱憎分明的精神象征,现在的扬州人也依旧把琼花看作是美好事物的象征。

(2) 扬州风景区

师:扬州园林真是别具特色,精致的亭台楼阁,鬼斧神工的叠石造型,繁花似锦的园林艺术,因而使之独树一帜,扬州人也为之自豪。

感受其景色秀丽。

---

[1] 案例提供者:闸北区第四中心小学　陈惠燕

师：扬州的瘦西湖风景区为我国湖上园林的代表，24景如颗颗明珠镶嵌在玉带上，形成了一幅秀色天然的立体山水画卷。

师：扬州以其悠久、丰富的人文景观、秀丽典雅的自然风韵，早为人们所向往，成为古今中外宾客纷至沓来的著名的游览胜地。

（3）扬州小吃

师小结：扬州风味小吃是扬州菜系的一个重要组成部分。包括扬州点心、面条及多种风味小吃。尤其是点心兼有北式点心浓郁实惠，南式点心精细多姿的特点，形质统一，用料讲究，形成自己的特色。

（4）扬州名人

师小结：真是一方水土养育一方人，运河城市扬州从古到今诞生了许多人才，真正是景色秀丽、人杰地灵啊！（板书：人杰地灵）

4. 听了各组的介绍，谈谈现在你对扬州有些什么新的感受？学生交流感受。

在一开始教学《运河名城——扬州》这一内容的时候，我主要抓住了扬州的"景美、人美、小吃多"这三个方面展开教学。可是在教学之前调查发现，学生去过扬州的较少，缺乏亲身体验的这种经历，因此在第一次教学的时候，学生只能根据事先的找的资料讲，而没有结合生活中的内容进行讲述。教学的时候学生缺乏互动。

【调整二】

扬州的三把刀非常有名，在我们上海广为流传，为我们上海人民带来了方便。为此课堂中除了介绍扬州的美景外，教师又重点结合扬州的三把刀，通过视频、谈话让同学们感受扬州人的技艺的高超，感受到三把刀已经是扬州特有文化的一部分。

1. 自唐宋以来，扬州的商业、手工业和交通业都很发达，而"扬州三把刀"更为出名。你们知道这"三把刀"是哪三把刀吗？（厨刀、剃头刀、修脚刀）

2. 你们知道吗？与"扬州三把刀"相应的烹饪、美发和沐浴行业也成为扬州市有影响的特色产业和"城市名片"。它们有什么特点呢？请你选择其中的一把刀结合你收集的资料给大家介绍：

A：厨刀：学生介绍厨刀的特点说的就是这个刀工了。其实扬州厨刀本身并没有什么特别之处，之所以声名显赫，是因为用刀之人。

扬州有名的烫干丝就是用这样的厨刀切出来的，让我们一起看看怎么做的？

你还知道有哪些扬州美食吗?(媒体:小吃美食的图片)

小结:这么多美食,不仅让我们看得馋涎欲滴,也让我们感受到了扬州人民的精致生活。你们知道吗?淮扬菜还是中国四大菜系之一呢!新中国的"开国第一宴"、APEC 会议的宴会都选用淮扬菜来招待中外贵宾。淮扬菜这么有名,扬州的厨刀可是有着不可磨灭的功劳呀!

B:剃头刀:看看,剃头刀有什么特点?

学生介绍:刀身长三寸,刀背厚,刀刃薄,刀柄木质,中间有枢纽相连,便于理发师的手指在运刀的方向、角度、劲力、速度上的准确把握。

以前,扬州的剃头师傅还有一样特殊的工具伴着他们走南闯北,你知道是什么吗?

(出示:剃头挑子的照片。)

剃头挑子为什么设计成这样呢?原来,剃头挑子是活动的理发店呀,连剃头挑子也设计得这么精巧,扬州人可真聪明啊!

谁来猜一猜,这个剃头挑子里面的理发工具加起来有多重?

(出示:"二斤十三两四分五钱")这个数字不仅是它的重量,还包含特殊的含义:二斤代表"南北二京",十三两代表"天下十三省",四分代表"四海",五钱代表"五湖"。意思就是理发师手拎工具包,能走遍京城和天下。

如今啊,这些扬州的理发师走出了自己的家乡。课前老师让你们进行了调查,找找身边的理发店有多少是扬州人开的?

小结:今天扬州美发的高超技艺,除了流传到我们上海还流传到香港、日本等东南亚一带和欧美各地。

C:修脚刀:你知道修脚刀有什么用呢?

去除脚上的死皮、老茧等。是呀,脚上一旦长了老茧、鸡眼人会怎么样?那你们家中有谁去修过脚吗?

(修脚师操刀上阵,用精湛的技艺为人们解除痛苦,带来健康,享受生活。)

3. 学到这儿,现在你知道"扬州三把刀"为什么会这么有名吗?

小结:通过大家的交流,让我们体会到了"扬州三把刀",在扬州人手中,已经不只是一门技术,还是一门艺术,成为独具地方特色的扬州文化的一部分。

【教学反思】

　　《运河名城——扬州》这是五年级《品德与社会》课第二单元中的一课。扬州也是和北京、杭州一样，都是因为运河的开通而繁荣起来的城市。教学时通过认真的解读文本发现，扬州是一个景色优美、名人辈出、园林别具特色的一座城市。它的深厚的文化底蕴不是学生一下子就能理解的。

　　而且在课前调查时发现，扬州虽然处于长三角一带，但很多同学没有去亲身感受过。而我们的教材中却仅仅出示了几幅简单的图片，这样的课程内容是远远不够的，如何让薄文读厚，这就需要我们老师深入的挖掘教材的内涵。因此课堂中除了运用信息技术，通过直观的图片、视频加深学生的感悟外，更加围绕"名城"进行了相关资料的补充。通过资料的收集发现，扬州的"三把刀"非常有名，而且这些物品也深受我们上海市民的喜爱，与我们的日常生活息息相关。为此课前我让学生去搜集相关的资料，"三把刀"各有什么特点？以及相关联的产业的发展和我们日常生活的关系。然后再在课堂中进行讨论交流。因为课前进行了大量资料的补充，所以课堂中，学生在观看扬州卢宅的视频介绍后感受到在"园林多是宅"的扬州，被誉为"盐商第一楼"的卢氏盐商住宅布局风格各异，构思精巧，从中感受到了扬州园林和北方园林之间的区别。其次通过"烫干丝视频的播放，剃头挑子的图片的出示，学生了解到了"三把刀"不仅是一门技术，更是成为独具地方特色的扬州文化的一部分。

　　品社学科应结合学生的日常生活进行教学，因此在课堂教学中，我们应在研读教材的基础上，根据学生的实际进行相关文本的拓展链接。只有有效地利用资源，才会成为学生提高品德素养的一个生长点、发展点，使我们的品德与社会课堂有更多因拓展而生成的精彩！

本章参考文献

1.《谈跨文化交际与外语教学》，孙良诚，2007年发表

2.《论跨文化非语言交际》，岳娇慧等，2006年发表

3.《初中语文对话教学个案研究》，苏平萍，广西师范大学，2006年

知识能力之提升
——技术 2：思维台阶

  当学习任务与学生最近发展区有一定距离，或学习终结性要求与学生学习起点距离较大时，采用抛锚法、嫁接情境等方法，搭设思维台阶，对文本进行处理，从而帮助学生降低学习难度。

经常会听到学生反映,课上听得很"明白",但到自己解题时,总感到困难重重,无从入手。也有教师抱怨说:"现在的孩子不知怎的,一听就懂,一做就错。"其实,这就说明学生没有能够很好的找到解决问题的切入点,不能很好地突破某些思维的转折点。当学习任务与学生最近发展区具有一定距离、学习终结性要求与学生学习起点距离较大,或文本中出现学生难以理解的知识、难以解决的问题或知识技能形成中遇到困难时,教师通过学情分析、文本研究,采用抛锚法、嫁接情境等方法,为学生在知识与能力起点和终极目标之间搭设思维台阶,降低难度,让学生通过攀登有层次的台阶达成学习目标。我们把这种重构技术称之为思维台阶技术。

价值与意义

教材只是一种基本教学思路的预设,当教学的知识点较易时,学生往往能够根据已有的知识经验轻易解决。但当知识点难度高于学生已有的认知水平,学生无法解决时,就需要教师为学生铺设思维的台阶,让他们"顺着台阶"往上爬,最终顺利解决问题。

一、突破难点,降低学习难度

教学中的重、难点是学生难以理解的知识和内容,是学生学习上的拦路虎,但又十分的重要。而思维台阶技术最主要的用途就是帮助学生降低学习过程中的难度,突破学习中的知识难点,为学生在知识起点与终极目标之间铺设适当的思维台阶,让学生顺着台阶往上爬,这样难点分散了,学生学习起来就容易多了。

为了有效搭设思维台阶,教师要从学生的实际出发,认真分析教材,预估学生可能会出现的学习困难。通过阶梯式的问题设计,由浅入深,引导学生一步步发现问题、解决问题;也可以把一个知识难点分解成不同层次或不同角度的几个小问题,逐一解决,再进行归纳与总结。

在教学中,总会遇到难教的知识点,只要教师站在学生的角度,认真分析学生困难产生的原因,为学生搭设必要的思维台阶,有效降低、分散知识难点,就能起到事半功倍的效果。

二、关注差异,促进动态生成

课堂教学其实是教师、学生、文本之间展开的心灵对话,教学因预设而有效,因生成而精彩。教师与学生的智慧都是从教学动态中流露出来。课堂上的动态生成,离不开教师对学生基础和差异的关注。学生之间的差异是客观存在的,教师关注到学生差异,并将它作为一种资源,利用思维台阶技术,促进教学过程中的动态生成,让学生得到更好地发展。

在各个学科的学习中,都主张让学生在自主探究中发现规律、解决问题、形成问题解决的策略。因此在知识探究过程中,教师可以有意识地让知识基础相对落后的学生进行反馈。如果他们的方法是错误的,那么就会有同学提出不同的想法予以纠正;如果他们的方法正确,但并非是最简洁、最优化时,就会有学生优化方法。而纠正与优化的过程,亦是学生知识掌握与方法形成的过程。

三、激发兴趣,建立学习自信

没有兴趣的学习对学生来说就是一种苦役,心理学研究表明,学生的心理处于不满、压抑、失去信心,就会阻碍或停止智力活动,毫无学习效率。为此,在教学中教师努力激发学生的学习兴趣,使之长久,进而转化为学习的动力,获得成功体验,建立自信心。运用思维台阶技术对文本进行重构,帮助学生战胜困难,让学生学得轻松,品尝到成功的滋味,大大增加了学生的学习自信心。

数学概念的学习枯燥乏味,为了激发学生的学习兴趣,我们铺设思维台阶,创设问题情境,分步骤动手操作,由易到难,通过不同要求的任务驱动,激发学生学习动力,引导学生发现规律、理解概念。

在语言的学习中学生"谈背色变",为了克服学生的畏惧心理,我们通过铺设思维台阶,将背诵课文中的关键词语设计成思维导图,帮助学生掌握故事发展的过程来记忆。有时也会根据课文内容,设计一些简单示意图,帮助学生理解事物的变化过程来熟记课文内容。这样的背诵方式增加了趣味性,背诵就如复述一般,不再让学生望而生畏。

操作与设计

新课程给教师提供了充分展现自我的舞台,教师应充分挖掘教材,创造性地活用教材。在课堂教学中不妨给学生铺设"台阶",让课堂教学层层深入。通过各学科教师一段时间的实践与研究,我们发现在使用"思维台阶技术"进行文本重构可以从以下几个步骤进行操作。

一、分析学情,了解知识起点

学生是学习的主体,为了让教师的教更能贴近学生的学,教师必须全面了解学生,充分关注学生的学习需求。正如著名特级教师于漪老师所说的:"学生的情况、特点,要努力认识,悉心研究,知之准,识之深,才能教在点子上,教出好效果。"我们运用思维台阶技术对文本进行重构,目的就是要帮助学生解决学习中的难题,攻克教学中的难点,从而使教师的教有效地服务于学生的学。因此我们必须通过学情分析了解学生学习中的障碍、困惑。同一知识对于不同班级、不同学生来说未必是难点,所以教学难点有时会根据学生的实际情况或水平来定。除此之外,我们还要了解学生的知识起点、认知方式以及学生的情感、态度、价值观等,只有这样才能知道哪些地方需要为学生进行思维台阶的铺设,做到"因学定教、因学施教"。而学情分析的做法,可以从以下几个方面进行尝试。

1.具备观察意识,知晓思维习惯

在认知活动过程中,由于个性的差异,学生所表现出来的认知智力水平是不一样的,这就要求我们在课堂教学的认知过程中,为学生设计认知的台阶。台阶的高低根据教学内容、学生的认知特点和个性差异决定。合适的台阶,有助于各层次学生思维的启动和发展,获得一次又一次的成功,又能促进下一步的学习,形成良性循环。

课堂上教师要有观察的意识,观察法也是教师了解学生最常用的方法,通过课堂观察,留心学生的一举一动、一言一行,了解学生的学习习惯,透过外部表现去洞察学生内心的思维活动,了解学生的思维方式和思维习惯,从而及时调整教学方法,为学生铺设合适的思维台阶。

2. 加强谈话交流，明晰学习状况

通过与学生交谈，不仅可以沟通师生间的情感，深入了解学生的所思所想，还可以了解他们的学习状况、知识掌握程度等。当然要想取得良好的谈话效果，谈话前应当明确谈话的目的、认真考虑谈话的内容和方式、选择怎样的学生作为谈话对象等。

如三年级教学《长方形与正方形的面积》一课前，已经有很多学生都知道长乘宽就是长方形的面积计算方法，那么是否这一知识点就不用教学了呢？于是，课前教师请了班级中不同层次的学生进行了谈话，问他们为什么长方形的面积可以用长乘宽来计算，结果发现大部分学生都不清楚其中的算理。那么这就是课堂上必须帮助学生解决的问题。因此，在了解学生知识基础后，我们为学生铺设形象的思维台阶，对文本进行重构，借助边长是1厘米的透明方格纸帮助学生观察、分析、理解长方形的面积推导过程。

3. 注重调查分析，凸显认知过程

通过设计专题问卷或量表进行调查，了解学生的想法和知识掌握程度；也可以设计有关知识、技能的作业或小测试来进行摸底，分析班级群体和学生个人的学习现状。发现学生个性化的解题过程、包括独特的解法，以及错误的思维方式、学习中普遍存在的问题等，便于教师铺设针对性的台阶，及时调整与纠正教学方法。

在一堂数学课中，教师运用"先学后教"模式进行了长方体的表面积计算方法的教学。为了了解学生知识的掌握情况，教师让学生当堂完成小测试，发现"一个抽屉长30厘米，高20厘米，宽60厘米，做3个这样的抽屉需要用木料多少平方厘米？"一题错误率非常高，较多学生都计算了六个面，也有个别学生计算了五个面，但到底是哪一个面不计算呢？学生不是很清楚，造成了列式错误。于是，教师分析原因，针对学生存在的问题铺设思维台阶，将文本重构如下：首先出示长方体的立体图，并在图上标上长、宽、高，让学生直观发现，上下面的面积用长乘宽得到、前后面的面积用长乘高得到，左右面的面积用宽乘高得到。在此基础上出示抽屉的实物图让学生观察抽屉有几个面，计算哪几个面？再出示学生的错例，一起进行辨析，学生很快发现自己的错误原因，并予以纠正。教师又举例了生活中粉刷教室四壁和底面、制作长方体烟囱、火柴盒内、外壳等情况时表面积的计算方法，帮助学生积累生活经验。像这样从学生知识基础和已有的生活经验出发,设计了针对性练习作为思维台阶,帮助学生克服学习中的困难。

二、深度分析,理解吃透教材

学生思维模式的完善,需要经过长时间的模仿和训练,对于一些较为复杂的问题需要层层分析,在不断地分析过程中,慢慢培养学生的能力,形成自己完整的思维。教材是课程的载体,也是《课程标准》的具体体现与诠释。因此,我们在使用思维台阶技术对文本进行重构时,不仅要有理论基础,还应充分的理解教材、吃透教材。

因此,我们每位教师对自己所教学科的教材进行了深度分析,在教材的分析时,我们做到以下几点。

1. 以把握教材编排意图为基础

我们教师能从宏观上把握教材,清楚教材的编排意图,指导思想以及教材中的利与弊。明确各知识之间的联系,有些知识在不同年级都有教学,难度呈螺旋上升,这就需要教师根据自己的教学经验,预估学生在知识进一步的学习中可能会遇到的困难,铺设思维台阶进行文本重构,有利于知识的衔接。

四年级体育课中《投掷垒球》这一教学内容,是在三年级《持轻物掷远》教学基础上学习的。教师根据自己的教学经验,预估学生器材由轻物变成垒球,物体重量改变,难度提升,会造成动作走样,给学生带来投掷困难。于是教学中通过动作分解铺设台阶,首先用轻物代替垒球进行原地投掷,尽量掷得远。练习过程中请练习中的三种典型(偏高、偏低、正好)的三位学生示范掷"雪球",从而矫正学生的原地投掷动作,让学生按照正确的方法练习,掌握原地投掷轻物的方法。然后教师示范做持轻物助跑投轻物的动作,让学生模仿教师做,主要指导腿、腰及手部动作的配合,达到熟练的程度。最后用垒球替换轻物,完成持垒球助跑投掷的动作。在投掷的过程中教师进一步指导了持重物与持轻物投掷时的区别,强调如何爆发用力,将垒球投得更远,从而帮助学生完成整套投掷动作,达到了理想的教学效果。

2. 以制定教学重点与难点为抓手

教学目标是课堂教学的出发点和回归点。只有明确了教学目标,才能始终围绕目标进行教学活动,高效的完成教学任务。而教学重点是课程标准规定学生通过学习必须要掌握的知识基础和基本技能。教学难点是学生在学习中较难掌握的知识或技能。有些内容既是重点又是难点,因此教师除了要明确教学目标外,还应该清楚教学的重、难点,预估学生在学习中可能会遇到的困难或难题,从而合理运用思维台阶技术,分散文本中的知识难点,降低学习难度,更好地帮助学生掌握知识与技能。

在教学牛津教材 3BM3U3 Seasons 的第二课时,教师设定的 Topic 是 Activities in the four seasons,设定的教学目标之一是通过学习能够掌握核心词组:go to the beach、make sandcastles、have picnics 等,其最重要的环节是能在文本输出环节结合第一教时的内容完整复述一个季节,其内容包含:season、weather、activity 和 feelings。而运用所学核心词组来复述一个季节是本节课的教学难点,但是在平时的教学中,往往会发现学生在用"We can_____"来描写本季节的活动时,仍然运用以前学习的词组来替代新词组。分析原因,其一,是没有想到要去运用新知解决问题,其二刚刚学习新词组掌握得不够牢固,运用新知有难度,故意避开。为此,我们通过图文结合的方式帮助学生搭设思维台阶,即 We can(<u>出示图片</u>).有了相关词组的图片提示,降低了难度,使教学目标有效达成。

3. 以研究教学模式和方法为突破

教学模式和教学方法是教育教学理论的指导思想,是为了某种教育教学目的,所采用的各种手段、方法。而文本是教学模式与方法的演绎,研究与分析文本使用的模式和方法,预估学生难以理解的方法与步骤,利用思维台阶技术重构文本,有利于学生通过类比、迁移等方法,进行比较、联想,从而更好地理解教材中呈现的解题方法。

在五年级第一学期《平行四边形的面积》一课中,文本鼓励学生运用"转化"的思想来推导平行四边形的面积计算方法,对学生来说从未在图形面积推导中运用过此类方法。为此,我们 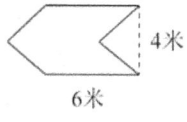 运用思维台阶技术对文本进行重构,教学时先创设情境出示了一个不规则图形,如右图,学生通过观察很快发现,将图形左边的三角形割下通过平移补到右边,正好完全重合,就形成了一个长方形,通过长方形的面积计算公式就能直接求出不规则图形的面积。此时教师总结:"刚才我们把不规则图形转化成已知图形,从而轻松地计算出不规则图形面积。这一'转化'的思想经常会运用于图形的计算中。"在此基础上教师出示平行四边形,让学生四人一组讨论平行四边形面积计算方法。学生通过对平行四边形与不规则图形进行类比,发现都可以运用"转化"的思想将其变成一个长方形,从而推导出了平行四边形的面积计算公式。

三、优化教法,促进学生理解

通过学情分析了解学生已有的知识基础、生活经验及学习方法与习惯,通过教材分析预估学生可能会出现的学习困难,发现所要达到教学目标与学生认知之间的差距,进一步在教学设计中更好地关注教学方法的微观运用与合理优化,从而引导学生攀登有层次的思维台阶,分步骤、有重点地理解知识、掌握知识。以下简单介绍一些教师常用的铺设思维台阶的具体做法。

1."喻理法"——帮助学生理解

所谓"喻理法"就是在理解文本中的内容时,以实例、典故或生活中的趣事等喻理,生动形象讲清道理,意味深长,令人回味。在实际教学中,对于难以理解的知识点、较为抽象的数学概念或容易混淆的生字,教学时都可以利用"喻理法"铺设思维台阶,帮助学生理解与记忆。

为什么概念教学总会让学生觉得枯燥而难以理解?是因为在教学中只注重概念得出的结果,忽视了在获得概念过程中的理解。然而文本中呈现的数学概念是抽象的,如果只是死记硬背,学生不能真正理解其中的含义,更不会加以灵活运用。因此,我们可以运用"喻理法"铺设思维台阶,用学生熟悉的事物,先帮助学生理解概念中的一些关键词,从而更好地促进学生对概念的整体理解。

如"循环小数"是学生较难理解和表述的一个概念,特别是表达其意义的一些抽象说法,学生难以理解。为此,可以运用"喻理法"铺设思维台阶,让学生做游戏,跟着教师打三拍子,学生兴趣盎然。这时教师提问为什么你们拍的节奏这么整齐呢?学生回答因为我们是按照一定规律进行重复着一个节奏拍手(板书:重复),让学生初步感知循环的现象。然后又出示一组图形:☆ ☆ ▲　☆ ☆ ▲　☆ ☆ ▲ ☆……让学生观察,说出省略部分的图形,让学生体验"循环"的意思,即"依次不断地重复出现"。再让学生根据理解说说生活中的"循环现象",引出数学王国里,也有这样的循环现象……这样一来,给原本较抽象的"循环"一词,赋予生动具体的内容。在此基础上,再通过除法算式进一步探究"循环小数"的意义,水到渠成,学生更容易理解、接受。

又如书写"幸福"和"辛苦"时,总是会有学生把"幸"和"辛"混淆,于是教师通过"喻理法"铺设台阶,帮助学生区分这两个字的写法。教学时教师让学生将这两个字上下部分拆开,观察文本中这两个字的上、下结构。学生发现"幸"上面是"土",下面是好像是人民币的标志"¥",比喻一个人有地又有钱,所以这是幸福的"幸"。"辛"上面是"立",下面是"十"比喻一个人站了十小时很辛苦,所以是辛苦的"辛"。通过"喻理法"铺设生动形象的思维台阶,帮助学生记忆生字结构,分析字型上的异同点,从而使学生品味出形近字间"大同小异"的奇妙乐趣,加深了他们对这些字的不同认识。

2."图示法"——帮助学生记忆

语言的学习需要积累,背诵是积累优美语言、丰富语感,提高写作能力的重要途径。香港大学教授陈耀南博士在《谈背诵》中说:"背书,就如练字、练拳、练舞,熟能生巧,巧必由烂熟而出。好文章背诵得多,灵巧的修辞、畅达的造句、铿锵的声韵、周密的谋篇,口诵心维,不知不觉,变成自己能力的一部分。"可实际教学中一提到背诵,学生就望而生畏,浅尝辄止,学生缺乏具体的背诵指导,还没有掌握系统、高效的背诵方法,死记硬背,机械记忆,效率低下。于是我们尝试运用思维台阶技术,通过运用学生喜爱的"图示法"帮助学生铺设思维的台阶,在理解课文内容的基础上,分步指导学生背诵课文,最终帮助学生提高背诵效率。

如教学三年级第一学期36课《看月食》一课时,教师首先让学生带着问题,指名读2—5小节。思考:月食之前,月亮是什么样?月食开始了,月亮的形状有什么变化?及月亮复原时,形状又有什么变化?通过阅读搭设第一个阶梯,让学生初步了解月食开始前、开始时、复原时的形状。然而在学生回答问题时,发现个别学生形象思维未能完全展开。于是,又设置了第二个阶梯,观录像了解全过程。通过录像,将文本中抽象的文字转化为生动、直观的形象画面,呈现于学生面前,让学生从具体生动的情境中,对课文产生深刻印象。这下全班学生都知道了月食的全过程。

在此基础上将录像中关键的内容用图示的方式展现在学生面前,让不同的学生通过图示边演示边讲解,通过这样的训练,以图示法帮助学生加深记忆,背诵的过程演变为复述的过程。以图示法解说的方式,增加背诵的趣味性,激发学生的挑战欲。

3. "操作法"——总结学习规律

心理学家皮亚杰说:"儿童的思维是从动作开始的,切断动作与思维的联系,思维就不能得到发展。"实践证明,操作不仅是认识事物的手段,而且也是思维的起点、智力的源泉,经常进行这样的训练,对于帮助学生形成解题策略、发展思维能力、增强应用意识是很有好处的。

提高学生的动手操作能力是培养学生创造性思维的重要环节。在教学过程中,我们既要重视直观教具的使用,还要尽可能的让学生参加实践操作活动。仅有教师的演示,没有学生的亲自操作,学生获得的知识还是比较肤浅的,只有让每个学生都参加实践操作,运用多种感官参加学习活动,才可能使所有学生获得比较充分的感知,才便于储存和提取信息。因此在教学中,教师要依据学生的生活经验和已有的知识基础,创设实践活动的机会,让学生在动手操作的过程中体验、在体验中感悟,从而发现问题、解决问题、获取知识。

如在教学植树问题时教师根据文本的教学思路,通过媒体演示,观察植树问题的三种不同情况,也能归纳段数与棵数之间的关系,即:两端都种,段数+1=棵数;只种一端,段数=棵数;两端都不种,段数-1=棵数。但在真正解决问题时,学生一个个都像被打败的公鸡,毫无斗志与反应。勉强参与的总是那几个平时成绩比较优秀的学生。这样的设计为何会有这样的效果?看似结合生活实际,重视了数学思维培养,方法的渗透,但实际却并未真正深入到学生的生活实际,或者说并未真正让每一位学生"动起来",所以无法真正深入学生的生活实际。为此,我们通过思考,运用"操作法"为学生铺设思维台阶,对文本进行重构。教师创设生活情境:要在学校操场的一侧栽树,美化环境。按照每隔5米种一棵的要求设计一份植树方案,并说明设计理由。学生成了"设计师",设计过程中,学生亲历实践过程,学生调动所有感官,通过画画设计,更加直观形象。而不同的学生思考的角度不同,设计出的方案也不同,自然而然的出现了植树问题中的三种情况,同时学生在实践中发现了段数与棵数之间的不同关系。

两次教学的不同在于，第一次的教学，学生大多能通过观察教师提供的媒体观察出植树问题的三种不同情况，也能归纳出段数与棵数之间的关系。但无法真正运用所学的知识解决实际问题。而第二次的教学中，通过动手操作铺设思维台阶，提供形象直观的素材，更有利于学生的观察、比较，从而发现植树问题中的数学规律。

4."类推法"——学会方法迁移

类推法指的是类比推理，通过两个不同对象的某些属性相同，推理出其他属性也可能相同的方法。在学生学习新知的过程中，教师经常会引导学生通过新旧知识的类比推理，促进学习的正迁移。我们发现尤其是在数学概念的推导、探究数学规律的时候，可以铺设思维台阶，让学生在类比推理中实现方法迁移。如在教学大数的读法时，先通过复习万以内数的读法作为台阶，类推出万级与亿级的读法。

5."演示法"——实现认知飞跃

课堂教学中多媒体的介入，不仅能提供图文并茂、声情融汇的教学环境，激发学生的学习兴趣，还能再现教学过程，它具有一定的模拟功能，使文本中抽象的内容形象化、静态的演示动态化、繁复的过程简单化。因此，运用多媒体进行演示文本中抽象的内容或知识繁复的演变过程，能够激发学生的学习热情、调动多重感官、在情感与思维的交融中自然进入积极的思维状态，促进由感性认识升华到理性认识，实现认识的不断飞跃。

在几何知识的学习中，往往要学生发挥空间想象能力去理解线与线之间的关系、线与平面之间的关系，以及图形面积的推导过程等。而文本中静态的直观演示很难帮助学生建立具体的表象，理解起来就有困难。此时，就可以利用多媒体技术铺设思维台阶，动态演示化繁为易、化静为动，使抽象的内容具体化、形象化，呈现出图形变化的轨迹，启动思维的闸门，从而拓展思维空间。

在教学平行一课时，教师要让学生找出下图 1 中与 AB 互相平行的对边，学生通过观察只找出了 CD 与 AB、EF 与 AB 两组对边互相平行。对于 GH 也平行于 AB，大部分学生不能理解，分析原因，主要是学生找不到这两条边在哪一个平面上。为此，教师通过媒体演示铺设思维台阶，出示 $ABHG$ 所在的平面后（媒体动态),学生一目了然,发现 AB 与 GH 两条边正是长方形 ABGH 的一组对边。通过这样的媒体演示帮助学生建立了表象,拓展思维空间,培养学生想象思维能力。

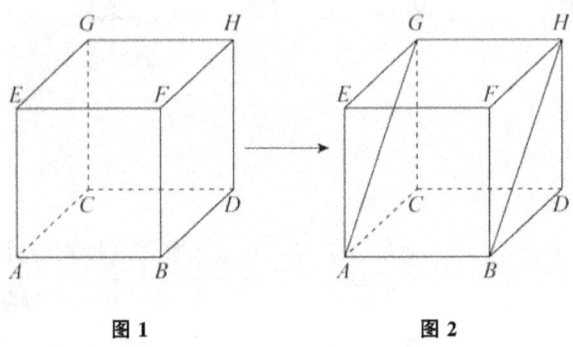

图 1　　　　　　图 2

调整与说明

在实际的教学中常常会出现学生难以理解的知识、难以解决的问题或知识技能。教师往往会采用"思维台阶技术",帮助学生把知识重点、难点进行适当分解,从而攻克教学中的难点,解决学习中的难题。因此,思维台阶技术的运用从学生的实际需求出发,站在学生理解的角度,去思考学生在知识习得过程中存在的困难及需要教师的哪些帮助,分析学生学习困难的原因,深度研究教材,合理铺设思维台阶,还要注意以下几点。

一、设计的台阶要有针对性

设计台阶的目的要真正达到架设坡度、降低学生思维的难度,不要只注重形式,要有针对性。教师设计时要对知识的重难点进行合理分解,可以从以下几个"点"上铺设台阶:在文本新知识与旧知识之间寻找相似的"共同点"铺设台阶,进而突破难点;当两个或两个以上旧知构成新知时,教师寻找新旧知识的"连接点"铺设台阶,突破难点;有些新知由旧知发展而来,教师通过寻找"演变点"铺设台阶,来突破难点。设计的台阶不可以毫无章法,与知识毫无联系,使之失去作用。

如三年级第一学期《分米的认识》这一内容,对学生来说既熟悉又陌生。熟悉是因为有些学生听说过这个词,而陌生是因为学生根本不清楚 1 分米到底是多长。对于分米的认识,文本上直接出示一把标有刻度的尺子,让他们观察 1 分米就是 10 厘米,这样对学生来说尽管多了直观感受,但是学生还不能很好的掌握实际情况中分米的认识,且没有真实的量感,同时与其他长度单位的联系性并不明显,不能体现对长度单位的一个较为完整的认识过程。因此,在教学过程中,我们铺设台阶,重构文本,让学生通过动手操作,量一量并算一算课桌长度,这一环节的设计中我们抓住旧知厘米与新知分米之间的连接点,即 10 厘米作为台阶。学生体会到用 1 厘米去测量,单位太小太麻烦,用 1 米测量单位又太大,通过实际操作,让学生感知用 10 厘米去测量比较方便,在此基础上自然而然的引出 10 厘米可以用新的单位分米来表示。既体现了新长度单位出现的必要性,又对 1 分米的长度有了进一步的感知,还联系了分米与厘米之间的联系,即 1 分米＝10 厘米,一举多得。

二、设计的台阶要有操作性

教师设计的台阶不能高于学生的思维水平,要遵循学生的认知规律。文本中往往会直接演示操作步骤或给出我们所要的结论,虽然学生通过阅读也能理解,但却比较肤浅,等到运用时会发现学生困难重重。为此我们往往会运用思维台阶技术对文本进行重构,此时教师要充分考虑学生的实际,可以采用直观画图、动手操作、实验观察等学生喜爱的、具有一定操作性的学习方式来帮助学生从直观形象思维向抽象逻辑思维过渡,还能促进学生解题策略的形成。这样不仅帮助学生解决了学习中的困难,减轻了学习带给他们的压力,还激发了学生的学习兴趣。

三、设计的台阶要有启发性

新课程提倡以"问题"为中心的教学,通过问题解决来构建知识。有效的课堂问题能"一石激起千层浪",激发学生思维,启发学生思路,引领学生去发现、去尝试、去体验,从而获得知识。课堂教学中有些问题是课堂中动态生成的,可更多的是课前预设的,这就需要教师课前能够预估学生在学习活动及过程中可能会出现的问题,通过阶梯式的提问方式铺设台阶启发引导学生循序渐进解决重、难点问题;通过一题多变、一题多解等问题铺设台阶启发学生多角度多层次的思考问题;通过的追问或补问的提问形式铺设思维台阶,启发学生由浅入深的探究新知,让学生的思维不断向纵深和宽广的范围发展。

如教学列方程解应用题时,教师出示了下面一道题,让学生选出正确答案:

一盒糖果平均分给几个小朋友,如果每人分 6 颗,那么还剩下 14 颗;如果每人分 8 颗,那么还剩下 4 颗,一共有几个小朋友?解:设一共有 x 个小朋友。

A. $6x+14=8x$　　B. $6x+14=8x+4$　　C. $6x+14=8x-4$

结果发现有较多学生选择了"C",此时教师通过提问铺设台阶,首先提问选 B 的同学,为什么等号两边都做加法?你是根据什么知道的?再问选 C 的同学,如果答案是 C,你知道如何改变题目中的条件吗?最后问,为什么没有人选 A 呢?学生在教师的提问启发下,更加关注题目所给出的条件,根据不同的条件分析数量关系,寻找出这类问题的解题规律,从而更好地构建知识。

案 例 举 隅

下面我们通过三个完整的案例,以期能够全面呈现思维台阶技术。

[案例一][1]

思维台阶技术,促进知识掌握

【背景】

《计算比赛场次》是四年级第二学期整理与提高单元的教学内容,这一内容思维含量较高,教材注重让学生通过多种方法,如连线、图表和计算等方法来理解比赛场次的计算方法。但这需要花费大量的时间,如果抽象的理解比赛场次的计算方法,学生比较困难。为此,教师往往会借助媒体演示计算方法,直接给出计算公式。虽然死记硬背也能让学生记住这一方法,但却不知其所以然,更不利于学生思维能力的培养。为此,笔者在教学时运用文本重构的"八大技术"中的"思维台阶技术"进行了如下尝试。

---

[1] 案例提供者:闸北区第四中心小学　孙颖斐

【第一次教学】

一、创设情境,提出问题

1.同学们喜欢看篮球比赛吗?

(媒体出示照片)这是中国队在2011年第26届亚洲男篮锦标赛中的一些精彩照片。从照片上看比赛现场的气氛怎么样?

师:是啊,比赛非常激烈!中国男篮最终以70∶69一分险胜约旦队,获得冠军。男篮夺冠了,他们不仅给我们带来了金灿灿的奖杯,更带来了一种勇于拼搏的精神。

2.揭示课题。

在精彩的体育比赛中蕴涵着许多有趣的数学问题,你们知道男篮队员是通过几场比赛才获得金牌的吗?今天我们来研究"计算比赛场次"这一内容。(揭示课题:计算比赛场次)

二、验证结果,归纳方法。

1.介绍2011年第26届亚洲男篮锦标赛中的分组情况。

在2011年第26届亚洲男篮锦标赛中,中国、菲律宾、阿联酋、巴林被分在D组,共有4支球队

2.介绍比赛规则,猜测比赛结果。

如果每两支球队之间要比赛一场。D组要比赛几场?"(学生自由猜测)

生1:每个队都要比赛3场,4个队应该12场。

生2:我认为是6场,我觉得按照每个队3场计算,会有重复。

师:同学们都有自己的想法,有的学生猜12场,有的猜6场,到底有几场呢?

3.出示任务单。

老师给每位同学发了一份任务单,请你选择一个方式进行验证。

学习任务单

请你选择一个方法进行验证,并列出算式。

方法一:连线法

中国　　菲律宾　　阿联酋　　巴林

方法二:列表法

	中国	菲律宾	阿联酋	巴林
中国				
菲律宾				
阿联酋				
巴林				

(学生独立完成学习任务,教师巡视,只发现极个别学生运用了列表法。)

4.集体交流与反馈。

生1:如图

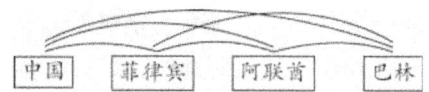

我用的是连线的方式,首先中国队和除自己以外的三个队进行了比赛,然后菲律宾除了和自己以及中国队外,只要与阿联酋和巴林各比赛一场,共两场,最后阿联酋除只需要和巴林比赛一场。

生2:我也是用的连线法,我是这样想的……

师:有没有同学尝试列表法的?(此时,我发现用列表法的同学显得有些为难,只有一人举手。)

生3:老师我用的是列表法,但没有把握。

……

【分析】

在上述案例中,学生根据教师提供的学习任务单上的提示,尝试用连线或列表的方法进行验证。可在交流的时候,发现几乎所有的学生都运用了连线法,个别用表格法的同学,也说不清解题的思路。

教师通过反思,感到未能充分考虑学情,从教学过程看,似乎注重了学生学习的过程,但实际效果却不佳。学生只选择连线法是因为三年级时已接触过简单的搭配问题,学生已经积累了这方面的知识经验。因此,根据连线法学生很快得出了加法的计算方法。而表格法对学生来说是新方法,新的解题思路,主要是借助表格法帮助学生理解和掌握乘法的计算方法。从教学情况来看，虽然有个别学生愿意尝试、探索，但仍然遇到了一些困难。学生面对如何在表格中清楚的表示已经比赛的场次、如何在表格中反应自己的解题思路，正确列式等等问题，显得不知所措。鉴于以上教学中存在的问题，笔者运用"思维台阶技术"对文本进行了重构。

【第二次教学】

一、创设情境，提出问题

1. 同学们喜欢看篮球比赛吗？

（媒体出示照片）这是中国队在2011年第26届亚洲男篮锦标赛中的一些精彩照片。从照片上看比赛现场的气氛怎么样？

师：是啊，比赛非常激烈！中国男篮最终以70∶69一分险胜约旦队，获得冠军。男篮夺冠了，他们不仅给我们带来了金灿灿的奖杯，更带来了一种勇于拼搏的精神。

2. 揭示课题。

在精彩的体育比赛中蕴涵着许多有趣的数学问题，你们知道男篮队员是通过几场比赛才获得金牌的吗？今天我们来研究"计算比赛场次"这一内容。（揭示课题：计算比赛场次）

二、验证结果。

1. 出示：在2011年第26届亚洲男篮锦标赛中，中国、菲律宾、阿联酋、巴林被分在D组，共有4支球队，如果每两支球队之间要比赛一场。

师：中国队在D组中进行几场比赛？为什么？

生：中国队要进行3场比赛，因为自己不能和自己比赛。

2. 菲律宾在D组中进行几场比赛？其他两支球队呢？

生：D组中的每支球队都要进行3场比赛。

3. 师：D组中的每支球队都要进行3场比赛，那么请你猜一猜，D组一共要进几场比赛？

生1：12场。

生2：6场。

师:有的说12场,有的说6场,究竟D组进行了几场比赛呢?同学们用自己的方法进行验证,把你的思考过程及算式记录在学习任务单上。(学生自主探究,教师巡视)

三、归纳方法。

1. 学生交流的方法如下:

方法一:枚举法

中—菲　　菲—阿　　阿—巴

中—阿　　菲—巴

中—巴

3＋2＋1＝6(场)

方法二:连线法1　　　　　　　　　连线法2

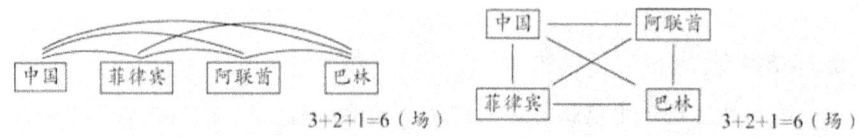

2. 师通过枚举法和连线法我们都得到了一个算式就是3＋2＋1＝6(场),那么为什么是12场呢?老师这里还有一张表格,看看能否从中得到答案。

(1) 出示表格,指导学生如何填表。

师:每个格子表示的相对应横格与纵格两个球队的比赛场次,我们可以用打"√"的方式表示。大家是否愿意尝试一下?

(2) 学生独立完成表格,并根据表格中的打"√"情况列出算式。

(3) 反馈表格,学生出现了以下两种思考方法:

生1:我是根据连线法想到的,表格中的斜线表示自己和自己打的比赛,是不存在的,所以划去。这样一来中国队和除自己以外的三个队进行了比赛,然后菲律宾除了和自己以及中国队外,只要与阿联酋和巴林各比赛一场,共两场,最后阿联酋除只需要和巴林比赛一场。空着的格子表示重复的比赛场次,去掉重复的比赛以及自己与自己的比赛,所以算式是3＋2＋1＝6(场)。

	中国	菲律宾	阿联酋	巴林
中国				
菲律宾	√			
阿联酋	√	√		
巴林	√	√	√	

生2：我先用斜线划去自己与自己打的比赛场次，而每个球队都要进行三场比赛，所以是 4×3＝12(场)比赛，但又发现，根据比赛规则，每两个球队之间只能比赛一场，所以其中有一半是重复的。因此，去掉一半重复的比赛，还要将刚才的算式除以 2，得到：4×3÷2＝6(场)。

	中国	菲律宾	阿联酋	巴林
中国		√	√	√
菲律宾	√		√	√
阿联酋	√	√		√
巴林	√	√	√	

对于第二种方法教师追问：这里的 4、3 和 2 各是什么意思？

……

【分析】

通过文本重构，教师让学生用自己的方式进行验证，学生根据以往的学习经验，通过枚举法和连线法进行了验证，同时教师引导学生进行比较，观察到两种方法的共同点：都要按照一定的顺序，防止遗漏和重复。在此基础上，教师引出表格法，并在填表之前，进行了方法的指导，让学生明确了填写方法。在交流时，学生出现了不同的两种方法，其实方法一是连线法与枚举法的迁移，比较直观。而第二种方法，思维含量更高，因此教师将讲解的重点放在第二种方法的理解上，收到了较好的教学效果。

【案例反思】

1. 了解学生知识起点，有效搭设思维台阶

《数学课程标准》中指出：数学课程不仅要考虑数学自身的特点，更要遵循学生学习数学的心理规律，强调从学生已有的生活经验出发，让学生亲身经历将实际问题抽象成数学模型并进行解释与应用的过程，进而使学生获得对数学理解的同时，在思维能力、情感态度与价值观等方面得到进步和发展。

在第一次教学中，教师没有充分考虑学情，忽略了学生的知识起点，高估了学生的能力。于是，在学习任务单上直接出示连线法和列表法，试图让学生自主探究，得出加法与乘法两种不同的计算方式。可在反馈时发现，几乎所有的学生都采用了连线法，只有个别学生尝试了列表法，且算理理解较为模糊。学生运用连线法是因为在以往学习简单的搭配问题时积累了一定的知识经验，能较好的知识迁移，理解比赛场次加法的计算方法。而列表法则渗透了一一对应的思想，借助列表法主要是为了引出"$4\times3\div2$"的计算方法，这是本节课所要解决的问题，也是一种新的思路。在列表时，学生主要存在的问题是如何根据一一对应的思想理解表格，表示已经比赛的场次；如何借助直观的表格法抽象出乘法的计算方法。这也是本节课的难点。通过这样的学情分析后，第二次的教学教师调整了教学方法，在知识起点与终极目标之间为学生铺设必要的思维台阶，达到了良好的教学效果。

2. 铺设阶梯式的台阶，促进学生知识掌握

著名数学家华罗庚指出："数缺少形时少直观，形少数时难入微。"这句话说明了"数"和"形"是紧密联系的。我们在研究"数"的时候，往往要借助于"形"，在探讨"形"的性质时，又往往离不开"数"。数形的结合是双向的，一方面，抽象的数学概念、复杂的数量关系，借助图形能使之直观化、形象化、简单化；另一方面，复杂的形体也可以用简单的数量关系表示。

在第二次教学中，教师运用思维台阶技术，首先运用连线法帮助学生理解小组中每个球队要比赛几场（$4-1=3$ 场）。然后提出小组中一共要进行几场比赛的问题，学生通过猜测，得出两种不同的结果，有的说是12场，有的说是6场，于是教师让学生用自己的方式验证。在验证过程中，案例一教师给出了提示，限制了学生的思维，同时学生由于从未接触过表格法，因此都选择教师所给出的连线方式，思维

比较狭窄。而案例二,教师没有给出学生任何提示,学生思维开阔,根据已有的知识经验,有的运用枚举法,有的运用连线法,且出现了两种不同的连线方式,通过不同方法的交流,加深了学生对加法算式的理解。此外,教师又让学生通过比较,体会有序思考的优势,即能有效的防止遗漏和重复。这也为学生学习列表法奠定了基础。在此基础上教师引导学生用表格法再次验证,并在学生独立填表之前,渗透一一对应的思想,适当指导了填表的方式,更具操作性,学生易于理解。通过尝试,有的学生将连线法迁移到表格中,运用加法计算;也有的学生,将所有的比赛场次全部罗列出来,发现有一半是重复的,因此出现了 $4\times 3\div 2=6$(场)的计算方法。综上所述,教师铺设了三个台阶:首先,帮助学生理解每个球队需要进行几场比赛。其次,通过用自己的方法验证,理解加法的计算方法。再次,让学生将加法的方法迁移到表格法的理解中,又引出了乘法的计算方法。层层递进,学生顺着思维台阶,由易到难的理解比赛场次的计算方法,达到了良好的教学效果。

[案例二][1]

思维台阶技术,促进技能定型

【案例背景】

体育课上,教师面对一个相同教材,所运用的器材发生变化,提高了技术的掌握难度后,学生动作走样,不能掌握动作技术,教师该怎么办呢?笔者认为教师可以运用思维台阶技术,首先认真进行学情分析,探寻课堂教学的起点,然后为学生铺设思维的台阶,即将动作技术分解,让学生有步骤地掌握技术的要领,最终掌握完整的动作技术。下面就四年级《投掷垒球》这一内容为例进行具体分析。

【关键词】思维台阶技术　技能定型

【第一次教学】按照以往的教学经验进行教学

学生两人一组自由结伴,面对面站在足球场的两端,教师指导学生垒球的握法。然后教师示范如何助跑,并配合投轻物技术,将垒球投出。学生听教师口令分别进行投掷和捡垒球,在投掷过程中教师巡视指导。

---

[1] 案例提供者:闸北区第四中心小学　陈晓俊

【分析】

一至三年级已经学习了持轻物掷远的方法,因此教师认为学生在投掷垒球上应该没什么问题,但实际情况却不尽人意。教师在巡视中发现有60%以上的学生投出的垒球都离自己很近(出手角度不正确),更无法运用投掷轻物的技术与腿部及腰部进行配合,最终达到投掷要求。究其原因,是因为器具的变化,使学生的投掷难度增加,学生很难把握,因此动作出现走样,无法达到良好的投掷效果。

为此教师设计了如下调查表,对另一个班级通过问卷调查的方式了解学生的认知起点。

调查表	
1. 除在学校平时有没有机会接触投掷项目?	A. 经常　B. 偶尔　C. 从不
2. 对已学的投掷动作你掌握了吗?	A. 牢固掌握　B. 一般　C. 还要老师指导
3. 你觉得影响投掷远度的关键因素是什么?	A. 用力顺序　B. 出手角度　C. 用最大力投
4. 投掷时正确的出手时间是什么时候?	A. 头前　B. 头上　C. 头后
5. 对所要学习的投掷垒球会不会觉得有困难?	A. 能轻易掌握　B. 能掌握　C. 没信心

调查结果显示:问题1:A选项占5%,B选项占44%,C选项占51%。

问题2:A选项占67%,B选项占20%,C选项占13%。

问题3:A选项占30%,B选项占10%,C选项占60%。

问题4:A选项占65%,B选项占20%,C选项占15%。

问题5:A选项占65%,B选项占20%,C选项占15%。

从调查情况发现:① 我校学生除在体育课上,平时接触运用投掷较少。

② 对一至三年级所学持轻物投远掌握较好。

③ 对投掷的要领有错误的理解。

④ 对投掷的出手时间了解不清,出手角度掌握不好。

⑤ 学生表现出的学习态度充满自信。

根据上述情况及学情分析,教师发现学生的认知起点与达成目标之间还是存在着一些距离,学生虽然已经掌握了投掷轻物的方法,但对于投掷垒球等重物的方法及要领有错误的理解。有了这些依据,教师对投掷垒球的技术进行了分解。重新制定了教学方法,教学过程如下。

【第二次教学】铺设思维台阶,进行文本重构

教学时,首先用轻物代替垒球进行原地投掷,让学生俩人一组"打雪仗",用你们能想到的方法,尽量要掷远。练习过程中请练习中的三种典型(偏高、偏低、正好)的三位学生示范掷"雪球",从而矫正学生的原地投掷动作,让学生按照正确的方法练习,掌握原地投掷轻物的方法。然后教师示范做持轻物助跑投轻物的动作,让学生模仿教师做,主要指导腿、腰及手部动作的配合,达到熟练的程度。最后用垒球替换轻物,完成持垒球助跑投掷的动作。在投掷的过程中教师进一步指导了持重物与持轻物投掷时的区别,强调如何爆发用力,将垒球投得更远,从而帮助学生完成整套投掷动作。

【分析】

教师通过问卷调查了解了学生原有的投掷轻物技术的掌握情况,并对学生投掷技术中存在的问题进行了分析,发现学生投掷过程中出手时间了解不清,出手角度掌握不好。因此教师采用思维台阶技术,设计了投掷技术难度分解的台阶,即投掷轻物技术——持轻物助跑投轻物技术——持垒球助跑投掷技术。通过思维台阶的分解技术,学生不断纠正自己的错误观念,调整自己的投掷角度、逐步体会最佳的投掷过程中的出手时间。从而达到了良好的投掷效果,与案例一相比,学生的投掷技术的达标率有了明显的提高。

【案例反思】

一、学情分析,文本重构的起点

备学生是教学设计系统中"影响学习系统最终设计"的重要因素之一,它促使教师全面地、客观地、有选择地将内容与学习水平联系起来,让教师正视学生的个体差异,并以发展的目光设计教学目标和教学过程。因此,学情分析是备课方案和课堂实施有效的起点。第一次教学中教师没有充分了解学生的学情,按照常理教学确未能达到良好的教学效果。只有40%的学生超纲掌握,25%的学生基本掌握,还有35%的学生没有掌握。为了提高学生的达标率,教师寻找原因感到学习目标是教师教,学生学的基本指南,是规定学生学习要达到的结果。为了更有效的

帮助学生达成学习目标,于是教师通过问卷调查,了解学生对投掷方法的掌握情况,分析教学失败的原因,发现学生持轻物投远掌握较好,但对投掷的要领理解还有偏差,对投掷的出手时间了解不清,出手角度掌握不好。再要配合腿部及腰部作助跑投的动作,学生更是无法掌握。有了这些依据,教师及时调整教学方法,铺设有效的思维台阶,才有第二次教学中较为成功的文本重构。

二、思维台阶,促进技能定型

上述案例中教师通过调查,了解学生知识起点和投掷中存在的问题,根据思维台阶技术,将投掷垒球的技术进行分解,即先降低垒球投掷的难度,改用纸球投掷并创设一定的生活情境,以游戏方式练习原地投掷,让学生演示三种典型的投掷情况,通过比较让学生清楚的看到哪一种方法更为合理、科学。在原地投轻物的基础上,指导助跑动作与投掷动作的配合技巧,让学生体验"较轻垒球"的投掷方法,形成助跑投轻物的技能后,再用垒球代替轻物,指导如何爆发用力将垒球投得更远。从而让学生真正掌握垒球的投掷方法,促进了技能定型。第二次教学中,教师通过思维分解技术对文本进行了再构,到达了理想的教学效果,与第一次教学相比,学生超纲掌握这一技能的学生占了80%,基本掌握技能的有15%,明显高于传统的教学方式。

[案例三][1]

在作文教学中渗透"分"的意识

【摘要】

在语文教学过程中,对教师而言,最难教的是作文课,作文课往往就是一个题目,简单的几句写作要求,教师就要以此为抓手教学生去写文章。但是怎么写,写到什么程度,许多教师心中也没有一个正确的答案,所以作文课上教师往往是泛泛而谈,学生听得也是云里雾里。另外对学生而言,最让他们头痛的也是作文课,他们常常觉得笔在手中却无话好写。因此如何上好作文课一直是一个非常值得研究的问题。其实作文教学中我们可以利用思维台阶技术,渗透"分"的概念,这样可以

---

[1] 案例提供者:闸北区第四中心小学 张文静

使问题化难为简。下面笔者就以三年级上作文课《小鸭子得救了》为案例做分析。

【关键词】作文教学　分的意识

【第一次教学】

确定了本次写作的重点是小熊救小鸭子的过程。因为小熊救小鸭子成功了，而其他小动物救小鸭子则失败了。在确定了这一重点以后，教师就让学生分小组根据写作小贴士上面的要求让学生依据图意，合理展开想象，把小熊一步步救出小鸭子的过程写具体。写作小贴士中最重要的一个要求就是："注意写清楚小熊利用工具，一步步救小鸭的动作和结果。"之后就是学生口头练习，然后交流点评。

【分析】

第一次教学效果并不理想，教师始终强调"一步步把救小鸭的过程写具体。"但是这"一步步"到底是一个怎么样的顺序，教师也没有明确说明，这样做在三年级学生脑子里面就会把这个问题简化成"小熊怎么样救小鸭子。"他们会把"一步步"这个词语忽略。果不其然在之后的交流过程中学生的回答是："小熊去河边打水，然后把水倒进坑里，几次以后小鸭子就浮上来了。"这样的回答自然没有把过程说清楚，也没有达到教师的要求。那么这"一步步"到底应该如何教学生呢？教师又做了调整。

【第二次教学】

同样是这个教学片断，教师不是简单地出示要求让学生一步步说清楚，而是课堂上准备一个小水桶，让学生做做小熊，让他做做去河边打水救小鸭子的动作，让其他同学记住他做了什么动作，并把这些动作记录下来。

【分析】

通过实物演示搭设台阶，再现小熊救小鸭的过程，首先自然是拎起水桶，然后是跑到河边，接着是用水桶从河里舀水，再跑回坑边，最后把水倒进坑里。然后是这样一次次地来回重复，直到把坑装满水，小鸭子浮了上来得救了。把小熊的动作这么一分解的话，学生就会很清楚小熊做了些什么，有几个动作。写起来自然也就水到渠成。

【案例反思】

可见在作文课上渗透"分"的意识非常有必要，也是非常实用的。学生的作文之所以写不好很多时候都是因为他们的思维混乱,不知道如何下笔,觉得没话好写,或觉得没有方向。因此教师可以利用思维台阶技术,将抽象的思维过程通过演示或实验,让学生更直观形象的了解事情发生的过程。而在演示的过程中分解小熊熊救小鸭的一系列动作,让学生明确动作的先后顺序和事情的发展过程,帮助学生理清写作思路,将整个过程写清楚、写具体。

本章参考文献

1.《试论中学语文之背诵教学》,王衍梅,现代语文(学术综合)2012年

2.《浅谈如何利用背诵促进农村中学英语教学》,强德兵,中学课程辅导,教学研究,2012年

3.《注意培养"小记者"的写作才能》,王敬霞,新闻爱好者(下半月),2010年

4.《摭谈语文教育中的诵读》,刘昭家,语数外学习(语文教育),2013年

5.《论语文背诵教学》,尹军华,江西师范大学,2005年

6.《别让背诵成为素质教育的弃儿》,师宗仁,语文教学与研究(大众版),2013年

7.《浅谈小学语文教学中背诵的意义及方法》,张秋侠,成功(教育版),2009年

8.《人教版高中语文必修教材文言文练习系统研究》,王杨,华东师范大学,2011年

学生思维之激活
——技术 3：思维显性

为了提供学生发现学习过程中思维线索与路径，还原起点与结果之间的教学过程，帮助学生更加完整、直观地接触问题解决的思维过程。

在我们的教学过程中,教材内容只出示问题、结果或只出示图片,而缺少了中间的学习过程,学生无法从教材获取足够的信息、无法掌握正确的方法、教师无法实现教学目标。这时候通过创设情境、直观感受、即时评价等教学策略还原问题与结果之间缺失的教学过程,激活学生主动学习的兴趣,将学生思维过程呈现出来,以此促进学生思维能力的提高,我们把这种重构技术称为思维显性技术。

新课程改革要求教师不仅是课程的实施者,而且也是课程资源开发的重要力量。其实,有很多的课程资源就存在于我们的课堂教学之中,要开发和利用好课堂教学资源,就要在教学中关注学生的思维过程。

价 值 与 意 义

思维显性技术最大的特点就是能还原问题与结果之间缺失的部分,对学生来说它像变魔术那么神奇,而对教师来说又是非常考验教师教学功底的一门技术。

一、帮助学生再现思维完整过程,让模糊变清楚

不同学科的教师在教学过程中或多或少都会遇见一些相同的问题:比如教师在讲的时候,学生似乎都听懂了,但是一旦学生自己做起来就会错误百出。又如有些文本材料非常简单,寥寥数语,学生拿到以后只认识字,对字里行间的意思则完全不懂,根本无从学。长此下去,学生似懂非懂的东西就会越来越多,直到什么也不懂,这样学生就很容易丧失学习兴趣。

会发生这一情况的主要原因,在于如今的小学教材大多图文并茂,虽说能满足学生视觉上的需求,但是内容为求精练,设计得过于简单。比如有些数学题甚至只有题目和结果,对解题的过程却没有呈现出来。众所周知,小学生的思维是处于初步发展的阶段,这样的设计不易于学生的接受。思维显性技术就是让教师通过细读文本,想办法还原这些缺失的过程,让学生断了的思维重新显现出来,特别是对于数学题目的解答,如何得出答案,把过程完整地呈现在学生面前,从而帮助学生理清学习的思路,让模糊变清楚,让似懂非懂变了如指掌。

二、激发学生的学习兴趣,让抽象变直观

学习其实就是一个从不懂到懂的过程,在这一过程中教师如何教,学生如何学从很大程度上决定了学习的效率。思维显性技术是一个非常神奇的教学技术,它如同变魔术一般将学生思维空白的部分通过各种途径显示出来。比如,我们的自然学科,书上面往往只有一个简单的实验结果,这个结果是如何呈现的,教师可以通过让学生动手做实验的方式将实验的过程显现出来。

这些有意思的教学过程能让原本单一,抽象的的结果变得丰富,直观。使学生对这一结果有更深刻地认识,从而激发他们的学习兴趣,提高课堂教学的效率。

三、促进学生的个性化学习,让被动变主动

思维显性技术能通过各种方法在问题与结果之间架起一座桥梁,这座桥梁我们可以理解为学生的思维桥梁。学生本来是课堂的学习者,他的知识如果全由教师提供给他,那就是一个被动学习者。但是我们通过思维显性技术在学生脑子里面架起一座桥梁以后,让学生来说一说这座桥的形成过程,学生就可以成为课堂的主人,而且每位学生的思维方式不同,他们的观点肯定也各不相同,人人都可以做课堂的小老师,教师在其中就可以收获很多有用的信息。

操作与设计

问题与结果之间缺失的教学过程如何巧妙地显现出来,需要教师在细读文本以及充分了解学生的认知情况下设计教学环节,那该如何进行技术的操作呢?

一、创设情境,促进思维外显

创设情境能帮助学生身临其境地在现实环境中捕捉信息,整理概括信息,在处理这些信息的过程中逐步显现自己的思维过程。

1. 借助媒体资源创设情境

对于那些生活中现实存在但是学生接触却很少的场景来说,学生因为没有亲身经历过所以无法想象,他们的思维模式也只停留在幻想的阶段。

比如五年级英语课《visiting a firestation》,学习消防员的相关知识。文章中仅出现firestation,fireman等单词,对于firestation具体是做什么的文章没有说,对于firestation学生没有真正参观过,所以对于文章中所说的一切学生不是非常能理解,他们的思维就会处于断线的模式,这个时候就需要教师利用媒体资源来创设情境,帮助学生走进消防站的内部。

利用多媒体资源可以很容易地呈现出消防站的图片、声音等,让学生在视觉、听觉上都能有所感受。借助多媒体资源创设的场景接近真实生活,学生在"眼见为实"的丰富、生动、形象的客观事物面前,通过对情境相关问题的探究,完成对主题的意义建构,学习也更有实效性。

2. 依托生活实际创设情境

从学生的生活实际情境引入,借此发现、提出问题,并努力探索解决问题,使得问题与生活相联系,生动有趣的情境容易引起学生的兴趣,使学生感受到学习即生活,学习是丰富、快乐的。在实际情境中教学,从学生非常熟悉的事例进入课堂,有利于培养学生的应用意识,让学生感受到学习来源于生活。

记得在听一堂一年级的语文课时,有位教师的"奶"字教学让我们印象非常深刻。她亲切地对学生说:"看,左边是女字旁,右边像个驼背的人,这就是奶奶的'奶'字,奶奶年纪大了,走路时背弯弯的,还要拄个拐棍。"这种充满亲情之爱的教学,把本来死板的、不会动弹的文字,变成了有生命的东西,钻进了孩子的脑海里。这就是创造生活情境带给学生的魔力,原本枯燥的、干巴巴的一个文字,教师联系生活实际将它进行润化,一下子就将其变得有血有肉,学生在记忆的过程中也会顺着教师讲课的思路去记忆,这样一来,记忆的思维有了它的记忆模式,思维显现方向也就很好地体现出来,"奶"这个字很容易被学生记住。

3. 设置虚拟生活创设情境

在我们的教学过程中经常会遇到一些现实生活中没有的内容,比如童话故事,这些是通过作者的想象结合一定的知识创作出来的,对学生有着一定的教育意义。像这类文章,学生在理解的过程中也是困难重重。

比如一年级的语文课《小壁虎借尾巴》,尾巴的作用属于生物学范畴,对于一年级的学生来说非常抽象难懂,但是文中的练习涉及让学生说说尾巴作用的问题,如果让学生勉强记忆,那也等于死记硬背,根本无法很好地将课本的语言转换成自己的语言。

　　面对这样的情况,教师及时进行反思,考虑低年级学生的年龄特点,教师创设"戴头饰、分角色表演"的虚拟情境,学生兴致高涨,课堂气氛热烈。随后教师又提出"不同角色能不能用自己的话来表演?"这一问题适度地延伸和拓展了课文内容,开放性很强,真正做到了让学生跳起来摘果子,极大地激活了学生的思维,学生争相发言,使语言文字训练和思维训练达到了完美统一。苏联著名心理学家维果茨基提出"最邻近发展区"理论。创设问题的深度要稍高于学习者原有的知识经验水平,具有一定的思维容量和思维强度,需要学生经过努力思考,"同化"和"顺应"才能解决问题,也就是我们常说的摘果子时,须"跳一跳,才能够得着"。设置虚拟生活情境就是让学生的思维在虚拟的情境中有进一步的提升,拓宽他们思维的方式。

　　综上所述小学生的知识经验比较浅显,尤其是低年级的学生,生活方面的常识了解很少,基本没有什么生活经验。因此如何让学生接受、体验与自己生活没有接触或接触很少的文本时,创设与课堂教学内容相适应的情境、设计由浅入深、层层递进的教环节能够激活学生的思维,丰富学生的想象力,同时让学生增强感官体验,让学生主动学习和探究隐藏在文本之后的生活知识、人生哲理。

　　学生对于抽象和概念性比较强的课文、阅读材料难以理解或者难以从整体上去把握,因此通过创设文本情境的重构技术打破传统的讲读模式。同时,教师以演代读,以说代讲,让位于学生,让学生成为课堂的主人。让学生当小演员,给动画片配音,当配音演员,其实是要学生读课文、练说话、发展语言、发展思维,更是激发了学生思维的火花、降低学习难度,让学生更好地理解文本。教师巧妙地用学生喜闻乐见的形式达到了这一目的,让学生在快乐中学到了本领。

二、借助直观,降低学习难度

　　小学生的思维以形象思维为主,结合这一特点教师在教学的过程中可以结合小学生形象思维的特点,通过图片、视频、实践操作等方式,给学生最直观的感受和体验,有助于降低学习的难度,促进学生对问题的理解。

1. 以图绘法再现习得过程

对教学过程而言,"思维显性化"是指将原本不可见的思维路径、方式、规律运用图示或图示组合的方式呈现出来,以期实现增强记忆及加深理解的效果,其本质也就是隐性思维显性化的过程。因此,思维显性化技术很多运用于数学的课堂教学之中。如数学课《比较分数大小》,教师让学生自己寻找比较分数大小的方法。学生通过折纸、画圆、数射线等不同的方法的动手实践之后找到规律。

目前的数学教材是显性知识系统,许多重要的法则、公式,教材中只能看到漂亮的结论,许多例题的解法也只能看到巧妙的处理,而看不到由特殊实例的观察、试验、分析、归纳、抽象概括或探索推理的心智活动过程。同时小学生的思维特点是偏向于形象思维居多,因此在数学课堂教学中经常运用图示技术(是指能帮我们理清概念之间的逻辑关系,并将其中的思考方法及思维路径,以视觉信息呈现出来的图示或图示组合)是实现思维显性化技术的基础。

以三年级数学《相同分母相加》一课为例,书上只有一个简单的概念:相同分母的分数相加,分母不变,分子相加的算理教学。在教学过程中教师如果采用直接媒体演示,然后推算的方法让学生理解算例,看图理解只是一带而过,由于学生并未真正理解图意无法说清推算过程。虽然最后也能通过观察得出计算方法,可为什么要这样计算,学生还是模糊不清。如果教师先用画一画,再来算一算的方法其结果则是完全不同,如 $\frac{4}{9}+\frac{1}{9}$ 这个算式,把一个西瓜分成9份,取其中4份为 $\frac{4}{9}$,再取其中1份为 $\frac{1}{9}$,算一算,这样一共取了西瓜的几份?学生通过画图很快就可以知道是取了5份,最终归纳得出:分母相同的分数相加,分母不变,分子相加的理论。

运用思维显性化技术重构文本进行教学,教师将学生看作学习的主体,充分让学生体验了猜测、验证、比较、归纳的学习过程。学生的思维被激活,思路一下子拓宽了不少,有的学生运用画圆分割得出结论、有的学生通过长方形平均分割得出结论,有的学生将一根线段平均分成9份得出结论,还有的学生通过画离散物体理解,得出结论。尽管教师只请了画圆、画长方形、画线段图及离散物体的同学进行集体交流,但其他学生思维也非常活跃,还通过画菱形等其他图形进行验证。学生还用不同的颜色在图上表示两个加数,体现了学生的思维过程,在交流过程中学生看着图理解,较为形象直观,难度降低了。然后再过度到推算说理,学生都能较流畅地说出推算过程。

2. 以实践操作引发直观感受

我们常常发现学生"听得懂,不会做",其实是学生没有真正掌握数学思维的方法,因此让学生动手摆一摆、做一做有助于帮助学生构建解题思路、给予学生最直观的体验和感受,有利于将教材中显性公式背后隐含的教学思路显性化。作为教师该如何通过形象思维、通过直观的教学手段增强学生数学观念、形成良好思维素质呢?

《梯形的面积》是五年级第一学期教材的内容。上课的过程中,教师就为学生提供了充足的材料:2个完全相同的直角梯形、2个完全相同的任意梯形、1个等腰梯形、1个任意梯形。同时要求小组合作,动手操作把这些图形转化成以前学过的图形从而求出它的面积。随后教师请小组交流合作的结果并有意识地突出两种方法:分割法:将1个梯形分割成2个已知图形;拼移法:将2个完全相同的梯形拼成1个已知图形。最后请学生归纳出对梯形的面积计算所思考的不同算法,并从中选出一个作为公式,并让学生说说操作的理由。

重构文本之后的教学,学生作为学习的主体,通过拼摆图形的过程将抽象的概念形象化,降低学习理解的难度,同时让学生探索如何把梯形通过分割或拼移的方法,变成已知的图形从而求出梯形的面积,激发了学生探究的兴趣和培养学生多角度多方面思考问题的好品质。最终让学生学会比较、选择,找到一种最适合自己的好方法。通过文本重构,教师本人也感到数学新课程标准提倡算法多样化,就是要让学生思维显性化,只有这样才可以锻炼学生思维的灵活性,培养学生明白方法有很多种,但是要寻找最简便最合适的辩证思维理念。

综上所述,要让学生彻底对结果的呈现过程有个了解,最好的方法就是给学生最直观的感受,而这种直观的感受还不是简单地看一看,听一听,而是要让学生自己亲自动手画一画,做一做。在亲自实践的过程中学生的才能清楚明白结果是如何一步步呈现的。而且也只有最直观的感受学生才能对结果有最深刻的印象,不容易出现"现学现忘"的问题。

三、言语沟通，提高表达能力

　　课堂中语言是沟通与理解的载体，因此在课堂上教师应多创设给学生表达想法的机会，有助于培养逻辑思维的能力，同时也有利于教师能有针对性地指导学生更有效地学习。而对教师而言，也有助于教师及时掌握学生对问题的思考和理解，判断教学目标的达成度。

　　1."说"题——说出思考的过程

　　课堂的主角永远是学生，所以教师在执教过程中一定不能"扶"得过多，要训练让学生说题，说出自己的思考过程。

　　以二年级美术课《高高的楼房》一课为例，教材上只要求学生画一画高高的楼房。有一位学生提出，是否能画一画楼房里面的家，这是一个非常不错的建议。因此教师又拓展了这一堂课。教师先让学生说一说高高的楼房有哪几部分组成。然后出示两幅图片，一幅是白天不透明的高楼，另一幅是夜晚透明了一间房间的高楼，让学生仔细观察，然后说一说这两幅图有什么区别。当学生回答完了以后最后让学生说一说高高的楼房里面还会有哪些房间类型。学生的话匣子马上就被打开了，各种布置奇妙的房间都从学生嘴里讲出来，在动手画的过程中学生也就能得心应手了。

　　教材中的高楼并不是透明的，高楼里面的内部构造如何，要通过学生的思考才能显现出来。对于二年级的学生来说，教师只要做适当的引导，学生完全就能说出自己的思考，而且低年级学生的思维比较活跃，想象力也比较丰富，训练学生说题很有可能收获意想不到的惊喜。

　　学生说题的表现还体现在数学的课堂上，比如教师经常让学生说说解题的思路，学生会说运用因式分解的方法，或者用凑十的方法，这些方法都能帮助学生进行简便运算，也是学生思考过程的一个体现。

　　学生说题就是把审题、分析、解答和回顾的思维过程按一定规律、一定顺序说出来，要求学生暴露面对题目的思维过程，即"说解题思维"。学生说题注重的是学生对题目的理解，即说出题目的条件、结论和涉及的知识点；说出题目的条件、结论的转化;说出与学过的哪一类问题相似;说出可能用到的思想方法;说出自己的想法和猜测;说出解题方法是如何想到的,等等。学生说题目不仅能使学生学得更深入、更明白,还使教师清楚地了解到学生的学习情况,使教师在设计教学各个环节时能更符合学生的实际。因此,"学生说题"会使教与学更明白,也是学生思维过程的一个完美呈现。

2."品"题——解题思维的凝结与内化

学生说、教师说、师生说这一环节看似简单,但却是非常重要和关键的一步。学生自己把想法说出来其实就是说出了自己的思考过程,教师通过一个学生的想法就能了解一批学生的思维过程;教师点评是体现教师的思考过程给学生参考,从而让学生了解正确的思维过程,掌握正确的学习方法;师生之间相互"品"题是将思维更提升了一个层次,不同思维火花的碰撞往往给人意外的惊喜和启发。

就拿一年级美术《我绘制的鱼》一课为例,教师让学生了解淡水鱼和海洋鱼的区别,并在此基础上剪贴出拥有美丽花纹的海洋鱼。由于教师提供各种不同的图案,学生只需要将这些图案贴到鱼的身体上,因此教师给学生欣赏了一些优秀作品后就让学生独立完成作业。最终上交作业时,教师发现很多学生不知道怎么贴是合理和正确的,只是将教师发的图案全部贴了上去,因此造成混乱、重叠贴的效果。还有一部分学生选择了和鱼身体颜色一致的图案,导致花纹颜色接近,看不出效果。针对这一作业的情况,教师反思教学环节,发现是由于学生制作中,教师没有创设让学生展示比较作品、师生交流作品这一环节,因此造成学生一味按照自己的理解和想法完成作业,于是教师调整了教案进行了第二次教学。

第二次教学教师增加了教学环节:首先教师让学生选择用点或者线条的纸片摆放出鱼身上的花纹,然后挑选了一个花纹排列比较乱的学生作品到投影上进行摆放。然后教师请这个学生说说摆放的理由——学生说完后教师又请其余学生说说想法——然后教师进行了小结归纳出——排列要有规律、同时留出空隙,要分开排列——最后教师并请学生自己调整了之前的花纹排列。第二次教学学生完成作业的情况明显进步,优秀作品率达到80%以上,而且还有一部分学生创新将点、线相互结合完成作品,这一点对于一年级学来说很不容易。

任何学科的教学都需要学生说、教师说、师生说的及时评,因为这是以学生的思维能力发展为中心,采取先由学生输出其所思所想的过程和结果,后由教师指点其思维过程中的缺陷和需要改进完善的思维技巧,这种先输出后输入的教育模式充分照顾到了每个学生的个性特点。因此,教师要多多运用即时评的教学策略,及时了解学生的想法,及时发现问题,及时予以指导,解决问题,以达到以点带面的教育效果。如一年级学生能够将点、线相结合就是师生相互"品"题的结果。师生间的良好交流不仅锻炼学生表达能力、更增强学生自我意识和审美能力,而且知道如何改进作品,掌握了正确的思维方法,提高了学习能力。

综上所述,创设激活学生思维、激发学习兴趣的情境;运用图示、动手操作等方法增强学生直观感受;学生说、教师说、师生说的即时评这三种教学策略都是思维显性化技术的有效操作方法。思维是需要关注和训练的,尤其小学生正是形成如何认识事物、理解现象、寻找规律的正确思维方式的启蒙阶段,因此培养学生学会更准确地观察问题、更高效地分析问题、更科学地解决问题的能力是教师肩负的责任。某种程度上思维显性化技术重构文本其实是对教师提出了更高的要求;因为每个学生的思维都千差万别,这也使得思维训练比知识传授难度更大,更富挑战性。因此教师要树立正确的教育观,应更多关注学生的思维过程,而不是思维结果。

调 整 与 说 明

教师设计教学过程要以学生为本,一切从学生实际情况出发,为了学生理解而教,所以思维显性化技术的运用也要符合这一规律,在教学过程中,采用适合学生的兴趣,适合学生的学习能力,激发学生兴趣和探究的好奇心为前提的教学方式,有效达到教学目标。

一、适当调整文本信息,为激发学生思维开辟新路

在教学时,我们既要立足于文本知识,又要充实文本信息,让学生不但能轻松理解文章内容,又要能激发学生学习的兴趣。苏霍姆林斯基说过:"在人的心灵深处都有一种根深蒂固的需要,就是希望自己是发现者、研究者、探索者。而在儿童的精神世界中,这种需要特别强烈。"

学生的创造性思维,只有在积极主动的学习过程中才能得到最好的发展。如今教材的编写,虽然是尽其所能满足学生成长的需求,但是总有几篇对学生来说略显难度,学生在学习的过程中如果只是按照教材内容学习,也许不能达到预期的效果,在这样的情况下,教师可以随机应变,在给予学生理解的情况下适当地补充文本知识,为激发学生思维开辟一条新的道路,让学生从被动学习变成主动学习,让学生成为发现者、研究者、探索者。当然这一设计的过程也应该注意以下几点。

1. 添加文本趣味,尽量减少枯燥

小学阶段的学生总归喜欢趣味性的文章,趣味性的文章更能吸引他们的注意力,所以,在独立语段中,适度地将一些词汇以图片的形式出现,增加趣味,提高学生的学习效果。

2. 丰富文本内容,温故而知新

在许多课程的教材中,有些独立语段比较短小,只有寥寥几句话,甚至有些学生掌握起来比较轻松,他们就不会过多地关注。如能在语段中增加学生学过的内容,使老知识为学习新知识服务,不但可以激活学生原有的知识,还可以激发起学生的学习兴趣。

3. 降低文本难度,巧妙搭建支架

过于难读的文本不但不能训练学生的阅读能力,反而还会击退学生的学习积极性。所以,教师应为这些文本再构一个相对来说简单的,又符合学生实际阅读水平的文本。在有效降低阅读难度的同时使学生学习掌握必要的知识,为学生的进一步学习打下基础。

二、设计教学内容符合学生思维发展规律

思维显性技术是对培养学生思维能力的一种方法,所以它必须要符合学生思维发展的规律,不能拔苗助长。比如,低年级学生的思维就是以形象思维为主的,那么在操作的过程中,也许生动形象的图片,要比枯燥的文字与数字更能调动学生的思维。而高年级的思维模式已逐步从形象思维转变成逻辑思维,对他们来说幼稚的图片,当然就没有精练的文字来的更加直观。

再者,学生的思维比较活跃,成发散状态。同一教学方法,不同的学生所显性出来的思维方式也许各有不同,教师应该肯定每一种思维方式,即使它是错误的,也要先表扬再指出其中的问题,千万不能打击和遏制学生的思维。这里又要讲到二年级美术课《高高的楼房》一课。教材的要求并没有涉及楼房内部,但是有一位学生大胆提出想要画楼房内部结构的设想,这是一个非常有创新的思想,所以教师应该及时肯定,并且为学生搭设思维桥梁,帮助学生在脑子里形成楼房内部结构的概念。教学中,教师采用的是高楼透明化的方法,让学生通过观察、想象,从而画出自己心中高楼的内部结构。这就是一个对文本再构以后的创新教学。

在传统的教育模式下,许多学生虽然懂得许多知识,但是却不能灵活运用,因为他们的思维不能流通,只是一坛死水。所以,教师在教学的过程中,一定要重视学生的思维训练,让学生学会变通,让每个人的思维多具有其独特的个性美。

案 例 举 隅

以上通过几个案例片段,呈现了思维显性技术的操作与调整的过程。本节通过以下三个完整的案例,以期能够全面呈现思维显性技术。

[案例一][1]

表面积的变化

【案例背景】

每位教师都知道这样一句话:"教,是为了不教。"正是因为我们教的目的是为了日后不教,是为了让避居在我们羽翼下张望的孩子们有一天能真正地进行自我学习,独立思考。所以,作为教师的我们,每一个人都有必要去重视和培养孩子这方面的能力——自学能力。然而,自学能力的培养很大一部分要依赖学生手中的教科书,课本内容若条理清晰,学生自然能在教师的适当引导下学习。但是如果教材编写超出学生阅读的水平,那就需要教师通过各种方法将教材内容进行处理,直观、显性地呈现给学生,便于学生的学习。

《表面积的变化》例3的教学内容,实际就是让学生综合运用之前所学的表面积

---

[1] 案例提供者:闸北区第四中心小学 潘胜男

知识来计算若干个长方体怎样组合在一起表面积最小。教材内容为了不抽象,创设了"包装巧克力"的情境,以巧克力为载体给予学生想象和学习的空间。使学生综合应用表面积等知识来讨论如何节约包装纸的问题。但是,教材的表达含糊不清,学生大多无法读懂意思。因此,在教学的处理上,教师仍采用生活化入手提高学生兴趣的方法,但同时给予学生大量实践的机会来降低学生理解上的难度。

【调整一】提出问题

创设情境,引入新课。

师:母亲节刚过,同学们有没有向母亲表一表心意呢?

生:有。

师:你们是怎么表达你的心意呢?

生:我送了……给母亲。

师:你们真有心思,"六一"儿童节快到了,老师也准备了一份礼物补送给大家,你们猜猜里边是什么?

生:好多盒糖果,书,……

师:哪位同学能到前面来帮老师把盒打开,看一看到底谁猜的对。

(一生前去帮师打开盒子的包装。打开后看到里面装的是一盒巧克力。)

师:同学们为什么都哎了一声呢?

众生不约而同道:这一盒巧克力,根本用不着用这么大的盒子来装啊!

师:老师和大家有同样的感觉,这么一盒小小的巧克力,用这么大的盒子来装,真是太浪费了。看来,礼品的包装还真是有学问。今天,我们就来学习:(板书课题)"包装问题"。

【解读】

学生学习的兴趣与欲望,主要来自他们熟悉的、感兴趣的具体情境中的数学现象或数学问题,让学生真切地感受到数学就在我们身边,体验到学习数学的价值,从而激发学生的学习兴趣,萌发出积极主动探索的求知欲望,学生的学习兴趣被激发,不仅能成功地促进他们的多元发展,而且这本身也是学生学习心理发展的具体体现,为学生学习数学做好心理准备和探索活动。

【调整二】解决问题

1.师:如果让你们来包装这盒巧克力,你们觉得怎么包才节约包装纸呢?

有学生会提出来,先求巧克力盒的表面积。

复习长方体表面积公式:$S=(a\times b+a\times c+b\times c)\times 2$

出示情境图,让学生求一个巧克力盒的表面积。

2.师:如果礼品是两盒巧克力,你打算怎样进行包装,才能使所用的包装材料最小呢?

学生独立思考,然后分小组讨论,找出多种方案,然后算一算每种方案的表面积。

方案1:$[3\times 2+3\times(1\times 2)+2\times(1\times 2)]\times 2=32$ 平方分米。

方案2:$[2\times 1+2\times(3\times 2)+1\times(3\times 2)]\times 2=40$ 平方分米。

方案3:$[3\times 1+3\times(2\times 2)+1\times(2\times 2)]\times 2=38$ 平方分米。

师:同学们,你们真的了不起啊!想出这么多方法来解决这个问题。在实际生活中,解决一个数学问题往往有许多方法,同学们可以选择自己喜欢的方法去解决。

【解读】

在课堂中,教师要给学生充分提供发言讨论、交流思想的机会。学生在独立思考的基础上,才能有计划地组织他们合作探究,以形成集体探究的氛围,培养学生的合作精神,集中群体智慧,提高学习效率。

【调整三】拓展问题

1.打破定势,加深理解

师:刚才我们包装2盒巧克力盒,现在如果要包装三盒巧克力盒,有哪几种方法,怎样包才能节约包装纸?

思考:不需要计算就能知道哪种方案最节约包装纸,你知道为什么吗?

(把面积大的面重叠起来,这样就能节约包装纸。)

2.实际应用

如果将桌面上的4盒磁带包成一包,在不浪费所提供的包装纸的情况下,应该用哪种方案去包呢?

活动:每个小组选择一种包装纸进行包装。

比较每个小组的包装,选出包得最好的进行表扬。建议把包装好的磁带送给汶川地震中的小朋友们。

3. 总结

师:同学们,这节课学到了什么?

学生通过学习得出:包装时不仅要考虑到节省包装材料,还要考虑到美观等多种因素,这都是包装的学问。

看来,包装的学问可真不小哇。法国人有一种最新的包装理念——免包装或简包装。这样既节约资源,又有利于环保。包装有很多学问,有待于我们今后去探索。

【解读】

要让学生运用数学知识,在运用的过程中提高学生解决问题的能力。苏霍姆林斯基说过:"手是意识的伟大培育者,又是智慧的创造者。"学习活动的最好方法是做,寓学于"做","做"中有学,这样,学生才能学得主动,学得有趣,才能把动手与益智做到有效结合。实践性是数学活动的鲜明特征。

【教学反思】

本节课,首先结合生活中的包装问题,出示了一个不合理的包装:包装盒大大超过实际物体。引发矛盾的冲突,激发学生的学习兴趣,引发学生思考,包装时需要考虑哪些因素(如节约、美观、便于携带等)。然后就如何节约包装纸展开讨论,引出教材中的问题。先从两盒巧克力开始讨论,鼓励学生首先探索解决问题的思路:列出各种方案,比较各种方案的表面积。在比较表面积的时候,可以有两种方法,一种是通过计算,一种是通过观察图形特点。然后再引导学生掌握解决实际问题的思考方法,以问题为载体,促进学生动脑思考,促进学生思维的发展,提高学生解决问题的能力,培养学生逻辑思维和归纳推理能力,培养学生的问题意识和应用意识。

在教学时,以"来自于生活——精炼为数学——运用于实际"为主线,让每一位学生经历"提出问题——分析问题——解决问题——应用问题"的过程,有意识的激发学生兴趣、提高学生学习的积极性、有层次地培养学生的问题意识和简单的推理能力,从而感受数学的价值,享受成功的喜悦。

1. 让学生提出数学问题

这节课选取学生身边的、感兴趣的、有意义的生活素材作为学习的内容和探究的对象,有一盒包装精美的礼物、一个巧克力盒、一个包装活动。学生结合自己已有的生活经验思考:在这些情境中,如何包装才是最省材料?使他们认识到现实生活中蕴含着大量的数学信息,存在着许多需要解决的数学问题,从而诱发学生主动地去发现问题,提出问题。一方面让学生逐步养成用数学的眼光去观察生活的习惯,另一方面培养学生思考的能力。"问题"是学生思维的发动机,是导火索,引导了学生的思维,启发了学生的思维,推动了学生的思维。

2. 让学生解决数学问题

提出问题之后,先让学生独立思考,然后在小组内讨论解决方案,再在全班交流,此时,学生的思维是发散的,创造的火花在闪现,学生可以发现有多种不同方法,从中选出最优的,提高了学生分析问题的能力,而且增强了学习的自信。

此环节,先让学生说一说:自己是怎么想的,学生动脑后,想出了不同的解题方案,老师及时地给予很好的评价,鼓励了学生,学生获得了成功的喜悦,动脑的劲头更足了。然后,让学生想一想,怎么才是最省的?学生列出了三种算式。学生在学习过程中体会到同一个问题可以有不同的解决策略,在此环节的教学中,老师给了学生充裕的思考、交流的时间和空间,使学生在和同伴的交流学习中,从不同的角度入手,得出不同的方法。

3. 让学生拓展数学问题

要使学生灵活地运用知识的能力不断地在运用中提高,因此,在学生学会新知识后,老师安排了拓展数学问题,老师用一个问题进行了追问"如果不用计算表面积,能否得出哪种包装方案是最省的?"学生又想出了合并最大的面,"问题"是如此的神奇,学生的思维那样的精彩。

在小学数学课堂教学中,以激发学生产生问题开始,教师要把"学"的权力还给学生,把"想"的时间交给学生,把"做"的过程留给学生,以引导学生提出问题和解决问题为中心,改革传统的教学方法,从学的兴趣入手,引导学生主动探究,以促进学生产生新的问题为终结,从而帮助学生提高分析问题和解决问题的意识和能力,为学生的"终身学习"和"可持续发展"打下扎实的基础。

[案例二][1]

学海无涯"图"作舟
——线段图有助于学生隐性思维显性化

【案例背景】

数学是思维的体操,数学思维活动的教学就是要揭示或展现蕴含在学习数学知识丰富多彩的思维活动过程。在这个过程中,教师要根据学生的思维特点,通过思维显性化技术,揭示发现问题、分析问题和解决问题的思维过程。在解决问题的学习中,经常遇到这样的情况,有些同学拿到一道题目,读了一两遍后,脑子里空空如也,什么也没读进去,或者脑子里条件问题乱糟糟的,没有一点头绪。如果教师一味的用语言或文字来表述数量关系,即便是教师讲得口干舌燥,学生也难以理解掌握。这时,如果能把题目中的条件和问题转换成图形,将隐性的思维过程用显性的方式表达,对学生会有很大的帮助。

画线段图是问题解决中常见的一种思考策略,它在教学过程中起到了非常奇妙的作用。在解决问题的过程中,利用线段图,可以将抽象的数量关系以形象、直观的方式表达出来,能有效促进问题的解决,启迪学生的思维。以线段图作为学生理解抽象数量关系的一个拐杖,已成为许多数学教师的普遍共识。

【调整一】

三年级第一学期在教学完"灯市"(上海九年义务教育《数学》课本 P60)倍数关系的应用题后,教师设计了这样一道题:

饲养场养鸡460只,比鸭的只数的2倍多40只,养鸭多少只?

此题在第一个班教学时,让学生独立解答,发现正确率极低,全班只有少数几个同学能够正确解答。这种类型的题目,对三年级的学生来讲讲,真的有这么难吗?此题让三年级的学生去解答,是否超越了教材?

通过分析,发现这道题是"已知一个数的几倍多几,求这个数(即求一倍数)"的应用题,与"求一个数的几倍多几(少几)是多少"的应用题非常相似,学生很容易混

---

[1] 案例提供者:闸北区第四中心小学 黎元惠

清。如何让学生能正确区分"一倍数"与"几倍数"呢?引导学生画线段图,无疑是解决问题的好办法。但是三年级的学生能否自觉地画出线段图分析呢?如果学生不能正确运用线段图分析,此题的正确率就会像第一个班级一样,是很低的。"灯市"这一节的内容,重点讲解了运用线段图分析倍数关系的应用题,如果在此题的后面补充如下的线段图,让学生先将线段图填写完整,再列式解答,情况会怎样呢?

饲养场养鸡460只,比鸭的只数的2倍多40只,养鸭多少只?

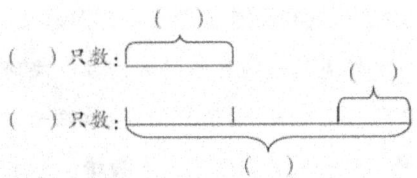

将修改后的题目,在第二个班级进行练习,发现正确率大大提升了,将此题进行这样修改的目的,不是让学生单纯地解答应用题,而是通过出示线段图,让学生"看"懂线段图,在填写线段图各部分的含义时,可以从中了解学生对线段图各部分的理解是否到位,如果能真正理解线段图的含义,也就能找到正确解答此题的方法,这样,利用线段图,帮助学生构建应用题的数学模型,通过线段图,将文字叙述的隐形的数量关系形象化,符合学生的认知特点,学生一看就明白,此题的难度没有降低,还培养了学生分析问题解决问题的能力。

【调整二】

一列客车从甲站开往乙站,每小时行84千米,开出100千米后,一列货车从乙站开往甲站每小时行72千米,经过0.5小时相遇,甲乙两地相距多少千米?

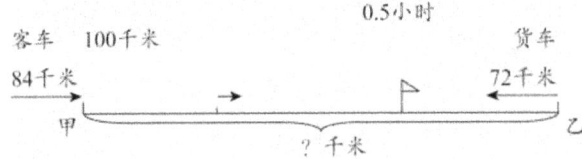

这个问题似乎并不难,只要$(84+72)\times 0.5+100$就可以了。评讲时教师请同学看着图思考下面三个问题:

(1) 相遇时,客车行了多少小时?

(2) 相遇后,客车再行多少千米可以到达目的地?

(3) 相遇后,货车再行多少小时可以到达目的地?

问题越来越难,学生的回答却越来越踊跃,正确率也越来越高,为什么呢? 因为我们把抽象的文字转换成了形象的图形,学生们学习的效率就提高了。

【调整三】

五年级的解决问题教学中,经常会有类似这样的练习:筑路队修一条路,计划每天修 3.5 千米,实际每天多修 1 千米,结果 7 天完成,实际比计划提前几天完成任务?

根据题意,画出线段图:

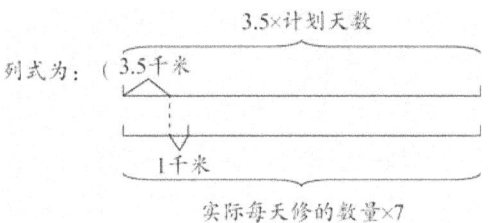

如果将条件"每天多修 1 千米"的画法稍作改动,如下图所示:

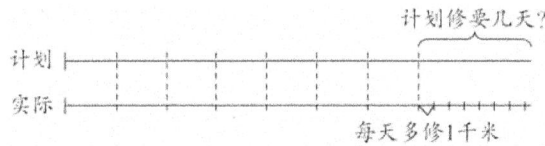

就可以得到一种巧妙的思路:实际修 7 天完成任务,按计划,还剩下 7 千米没有修,修这段路的天数,就是计划比实际多用的天数,即实际比计划提前的天数。列式为:$7 \div 3.5 = 2$(天)。

由此看出,同一道题,如果将线段图稍作改变,就可以从不同的角度去分析,产生不同的思路,前一种思路看起来解题的步骤比较多,但多数学生容易理解;后一种思路,虽然算式简单,但思维含量高,要让学生真正理解,比较困难。对于此类题目,我们不强求统一的解法,只要学生能理解解题过程中,每一步分含义,都是可以的,这样的教学,学生的个性化设计才能彰显,多样化的思维才能共享。

【教学反思】

线段图特有的直观、形象性,是学生在数学学习过程中的"思维工具"之一,更重要的是通过画线段图,学生的思维一层层地暴露出来,将解决问题中隐性的数量关系显性化,让数学变成看得见、摸得着、悟得了的学科,线段图发挥了不可估量的作用。

1. 画线段图,有助于构建数学模型

在解决问题的过程中,运用线段图可以帮助学生理解题意,使题目中的数量关系更形象更直观,让学生从已有的知识经验出发,亲历将实际问题抽象成数学模型,为理解数量关系奠定基础。

2. 画线段图,有助于分析数量关系

掌握解决问题中的数量关系是解题的关键,分析数量关系的方法有很多,其中用"画线段图"的方法分析数量关系,是数学教学中的一个有效策略。

3. 画线段图,有助于学生一题多解

画线段图能开拓学生的思维,巧妙地进行一题多解。学生画线段图的过程是以问题和文字表述为蓝本,以自己已有的知识经验为基础的画图活动,学生从自己的知识经验出发,自由绘画,这样就会产生多样化的线段图,不同的线段图就会产生不同的解题思路。

[案例三] [1]

转换视角　重构文本

【案例背景】

不同的文章有着不同的重构方法,有时表现为文章的"重组",有时表现为适当的"补充",有时是变换"视角",有时表现为主题的"延展",等等,不能一概而论。而课堂教学环节的文本重构主要是由教师来完成的,这就是说教师不仅要考虑把教材文本教给儿童,还要设身处地站在儿童的立场上,用儿童的心灵去亲近教材文本、重构文本,用儿童的眼睛去发现教材文本中属于儿童文化创造的那些特质,去

---

[1] 案例提供者:闸北区第四中心小学　张文娟

挖掘文本中深层次的价值,更能使我们紧紧地把握住孩子的心理特点和成长规律,提高教学质量。

以小学四年级语文教材中《林肯》一课为例,教师尝试从不同视角解读文本,对重点段落16小节的教学根据教学目标的不同进行了两次不同的文本重构,所达到的教学效果也各不相同。

一、指导朗读,培养学生简要复述的能力

【调整一】

复述课文是让学生把课文的内容用自己的话说出来。因而这一训练本身首先就要求引导学生认真阅读课文、熟悉课文内容,达到阅读的认知层次。怎样帮助学生进行有条理地复述,培养他们的口头表达能力。在以下案例中,教师主要抓住重点段落16小节步步深入,指导学生在理解的基础上进行段落的简要复述。

【教学片段】

1. 出示辩词,请学生读正确。

2. 想一想林肯掌握了哪些事实?再次静心默读辩护词,用直线划出相关的语句。

3. 根据学生交流出示月相图,了解上弦月。

4. 教师讲解"月相变化图",引出句子:"那天10月18日的月亮是上弦月,晚上十一时,月亮已经西沉,不会有月光。"指导朗读。

5. 思考:林肯已经以事实揭穿了证人的谎言,为什么还要进一步解释呢?

(1) 读读议议相关句子。(2) 指名学生边摆图画边复述。

【存在问题】

教学中,教师没有充分发挥道具图片的作用,只是让学生读句,学生没有理解句与句之间的关系和内涵,没有体会到林肯严谨的思维,只是为了复述而强行背诵课文中的句子。所以学生在复述课文中存在着较多的问题,比如口语表达能力较差,不能抓住文章的重点词句,缺少感情投入等,还不能简要复述整段内容。

二、联系上下文,培养学生阅读理解能力

【调整二】

在精读课文中,如何设计教学,才能真正培养让孩子在课堂中习得阅读方法,提升学生潜在的情感态度价值观。教师重新采用了联系上下文的方法来培养学生阅读理解能力。

【教学片段】

1. 听辩词，请学生把辩词读正确。

2. 理解辩词，读句、划句，用自己的话表达，通过教师讲解体会林肯在辩护前做了大量细致的工作。

3. 出示图理解上弦月。指导读好辩词、了解描写"上弦月"与"辩词"两段文字之间的关系、复述辩词。

4. 模拟现场、说理由、读相关句子、媒体完整演示、学生边摆图画边复述。

在文本中，教师通过预告、信号、暗示等手段唤醒读者以往阅读的记忆，将读者带入一种特定的情感状态，挖掘出语言的价值。通过让学生看图片了解"上弦月"这个天文学知识、引读辩词，帮助学生理解福尔逊的证词无法成立的原因。这个既是教学的重点也是难点，但有了前面联系上下文理解反问句的基础，再通过看图，教师引读，层层深入，绝大部分学生能比较准确的理解这个难点并复述出来。

【教学反思】

以上教学片段就是教师和学生通过互相"品题"，以读为主促思维显性化的过程。

1. 阅读能力的培养首先应重在"读"

教学中，教师抓住林肯说的这句反问句："可是，10月18日应是上弦月，11点时月亮已经落下去了，哪里还有什么月光？"来指导朗读，这句话是重点句子，说明林肯已经以事实揭穿了证人的谎言，在读中要体会林肯坚决有力的语气。最后理解完整段辩词后，再让学生想象自己就是小林肯如何为被告做最后的陈述。在读的过程中，引导学生展开与文本的对话，与作者对话，与编者对话，在读中感知文本内容，感知文本的主题。

2. 读中感知文本中句子间的联系

教学中，教师先让学生带着问题"林肯都查阅、调查到些什么呢？"引导学生从下文的辩词中找找划划，找到有关词句，培养了学生在文本中获取有用信息的能力。这是培养学生阅读理解力非常重要的一个方法，引导学生在阅读时要同时关注前后文的内容,帮助理解作者写的意图,最后体会文本的整体性和作者表达的完整性、连贯性。

3.精读是学生与文本对话的有效途径

字词理解,文意把握,要点概括,内容探究,作品感受都必须通过精读来完成。教学中,教师通过让学生看图片了解"上弦月"这个天文学知识、引读辨词,帮助学生理解福尔逊的证词无法成立的原因。这个既是教学的重点也是难点,但有了前面联系上下文理解反问句的基础,再通过看图,教师引读,绝大部分学生能比较准确的理解这个难点。学生不仅学习能力得到了提高,更在复述的基础上,从文字中体会到了林肯的性格特点,聪明机智、善变的特点,这也就是文本中语言内涵、美学内涵和思想内涵。

本章参考文献

1.《对初中语文文言文教学的几点体会》,廖嫦娥,《新课程(教研版)》,2012期

2.《浅谈如何创设有效的问题情境》,赵计友,《试题与研究教学论坛》,2013期

3.《也谈有效数学学习——梯形面积》,陈励群,小学教学研究数学版,2010期

4.《注重教学流程设计 培养逻辑思维能力》,陈惠芹,小学教学参考,2013期

5.《语文教师要激发问题意识,创设问题情境》,徐福敏,《科技信息》,2009期

学习过程之助推
——技术4：分层引领

针对个体学生在实际学习过程中碰到的学习难点，在基础教学目标的引领下，根据学生差异，通过投放恰当学习资源等，帮助学生克服个体化学习的难点，从整体上提升一次性教学的有效性和达成度。

所谓分层引领技术,即针对学生的原有学习水平、学生年龄、性别等方面有不同差异的个体学生,在实际学习过程中所遇到的学习难点,在基础教学目标的引领下,教师根据学生的学习经历、学习起点、认知风格等差异,优化学习任务,投放恰当的学习资源,实施有针对性的评价,来帮助学生克服个体化学习的难点,整体上提升一次性教学的有效性和达成度。

价值与意义

第斯多惠指出:"学生的发展水平是教学的出发点。"学生的发展水平差异是客观存在的。学生在各学科的教学中,都会表现出不同的差异,把学生当成同一个模式来教是不存在的。组织教学不是自主教学,必须在教学中考虑学生原有的差异。就同样的学习内容而言,每个学生之间都是有差异的。有的学生学习起点不同,例如:在一年级的学生中,虽然刚入学,但是学生已有的知识量就存在着差异。有的学生已经掌握了一百以内的加减法,且有几百字的识字量;有的学生只会认识20以内的数字,识字量较少;有的学生可以说是零起点,无识字量。有的学生虽在同一个年级,年龄之间也存在着差异,班级里最大的孩子比最小的孩子要大近一岁,特别是在低年级中的年龄差异会带来不同的认知水平。有的学生性别差异,男女生之间也会存在着不同的喜好,男孩子比较喜欢汽车模型、体育运动类的活动,而女孩子则比较喜欢舞蹈、唱歌等音乐类的艺术活动。有的学生认知结构不同……这些差异都或多或少地会给教学带来一定的难度。

对于不同年龄、不同喜好、不同认知的学生,如果还是采用传统的方式来教学,一概而论,那么,学生之间的差异会越来越大,出现有的学生"吃不饱",有的学生"学不会"的情况,甚至还会出现个别学生偏科的现象。因此,教师在进行文本重构的时候,必须关注学生之间的差异,来组织我们的教学。

一、帮助学生寻找适合自身的学习路径和学习方法

我们要帮助学生站在终身学习的立场上,站在自主学习的立场上,帮助学生寻找最合适的学习路径和学习方法。例如:在语文教学中,教师需要指导学生完成一篇习作。学生之间就会存在差异,有的学生写作喜欢报流水账,不能把握文章的重

点；有的学生词语积累不足，所写文章平淡无味；有的学生文笔不错，但苦于找不到合适的素材来写作……如果教师按部就班地指导学生来完成习作，学生就很难从自己的不足之处落笔写作，甚至多次写作之后，还是不能对症下药。因而，唯有根据学生的不同需求，帮助学生寻找最适合自己的学习路径和学习方法，这样的教学才是最有效的。因为，最适合学生自己走的路才是最好的路。

二、应对"零起点"教学的要求

在现在的社会上，教育提倡"零起点"教学。实际上，"零起点"教学存在吗？它是不存在的。但是"零起点"教学的思想是正确的，它所要传递的理念是不要给学生增加过多的学习负担，而是希望学生能够在教学中，能够有趣味地开展学习，这样既能提高学生的学习积极性，又能提高学生的关注度，更有利于学生良好学习习惯的培养。

现在的课堂教学中，由于学生的生活经历，所接受的家庭教育等各方面的不同，学生客观的实际起点一定也是不一样的。这也就给教师的教学带来了一定的难度，也不利于学生的全面均衡发展。因而，我们通过"分层引领"，针对不同层次有差异的学生，对不同的教学内容，学生的学习方式，进行文本重构，以此来关注、解决"缩短学生间差异，让每个学生都能得到均衡发展"这一教学中存在的问题，也让教师在自己的教学中关注每个学生的均衡发展。

操作与设计

在分层引领之前，教师对自己所教学生的情况，从学习能力、学习基础、知识点掌握、兴趣爱好等多方面，做简要地排摸和分析。根据学生之间的差异，在教学目标、学习路径、学习主题、教学评价，以及任务单的设计与运用等多个环节进行文本重构，对学生实施分层引领。

那么如何在文本重构中使用分层引领技术呢？主要从以下几个方面来实施这一技术。

一、目标分层——共性目标与个性目标兼顾

教学目标和内容的分层策略就是教师要针对学生的"最近发展区"和"理想发展区",依据教学纲要设置各个层次的学生在教学活动中所要达到的不同的学习目标,并依此安排不同的学习内容,激发学生努力探索而实现认知水平的重新建构。

在教学中,教学目标分层是分层教学的中心环节,一切教学活动都要围绕教学目标而开展。在日常的教学中,教学目标的制定一般分为总体教学目标、单元教学目标和课堂教学目标等。在分层引领技术中,目标分层主要分为"共性目标"和"个性化目标"。这里所说的"共性教学目标"指的就是基础性教学中的基本目标,"个性化教学目标"是依据因材施教的原则,对不同基础、不同层次、不同学习风格类型的学生,提出不同层次的教学目标要求,使教学更符合学生的实际情况,更适应各个层次的学生课堂分层教学。

例如,在体育教学中,学生的身体素质、运动能力、体育素养等方面都存在着差异,如果用同样的教学目标来对待每个学生,就会出现有的学生轻松达标,有的学生无法完成教师的教学目标而失去信心和锻炼的动力。

在三年级"跳绳"这一教学内容中,有的学生已经会用单脚轮流交换跳,有的学生只会双脚并拢跳,还有的学生会双脚并拢跳,但是跳的数量不多。为了突出教学中的层次性,教师就在课前根据学生身体素质、运动能力、体育素养等方面的差异,将学生分为男、女 A 组、B 组、C 组三个小组(三个层次),A 组学生是已经学会单脚轮流交换跳的,在跳绳时,就提出"能单脚轮流交换跳,做到减少失误"的教学目标。A 组学生因为已经掌握了"单脚轮流交换",就应该提出新的标准来要求他们,提出高要求,满足他们强烈的学习愿望,进一步提高水平。B 组则是提出了"学会单脚轮流交换跳",以此来激发他们学习的积极性和主动性,改进动作,争取优秀。C 组则提出"会连贯地用双脚并拢跳,尽量减少失误",对这类学生主要是让学生能树立信心,努力达到"合格"的标准,能基本完成练习。

因为只有根据学生情况,既要根据课程标准来制定、落实共性目标,更要根据学生的不同差异,来设定不同层次的个性化教学目标。这样才能充分调动不同差异学生的学习积极性,才能使不同差异的学生在原有的基础上都有提高,都有

收获。

课堂上,各层次的学生并不是一成不变的,学生间的差异也是客观存在的。教师应该在教学中根据教学内容,针对不同差异的学生,酌情适当调整课堂教学内容与目标,这样既调控了课堂教学气氛,又调动了学生学习的积极性和主动性,还有效地提高了学生的学习能力。

二、设计分层——基于认知风格不同的学习路径设计与引导

建构主义教学观认为在教育教学过程中,每一个人都是独立的主体,以自己的方式建构世界。只有当教学策略和方法与学生的思考或学习风格相匹配时,学生才有可能得到更多的收获。因而,在教学设计中,教师应遵循学生个体心理发展的需要,根据学生个体学习方式、认知风格,除了对教学目标的个性化设计之外,还可以依据学生不同的智力水平、智能发展情况、学习风格,选择不同的学习路径,或设计适合自己需求的学习路径,在同伴和教师的适时帮助与引导下,给每位学生显露自己特长提供条件,发挥各层次学习者的学习积极性和个体素质优势,让每个学生都处于教育优势中。

1. 营造真实的课堂

"真"就是真切。"实"就是实效。引导学生在课堂上勇于说出自己真切的想法,提高课堂教学的含金量。在进行教学时,教师为了激发学生学习的心理,应该鼓励学生大胆表达自己的真实想法,而不是为了迎合教师所提出的问题而回答。

2. 找寻认知风格互补的方法

针对学生在学习过程中表现出来的学习行为方面所共有的某些特征,教师可以选择适合不同学习者的教学风格,做到既关注"生活世界",让学生学会思考,又实施"开放式"教学,让不同学生都得到提高。即使是能力较弱的学生也能通过最低层次的提问等学习活动,成为合格的学生。"促优"就是要在回答问题的过程中,培养思维能力,尤其是发散思维能力,从而形成对问题追根溯源的心理。要求提出的问题有适当的难度,让学生"跳一跳,摘得着果实",会使大部分学生产生跃跃欲试的效果,一旦答出又有胜过一次美餐的感觉,显然这样的提问属于发人深省、促人奋进的深层次。

3. 分层教学贯穿于教学过程的始终

教学中，教师不要急于为了完成教学内容而加快教学进度，应该在课堂上，随时关注学生的学习情况，根据学生学习的反馈及时进行调节。特别是在新知识的教学过程中，进行有针对性、预见性、目的性的活动设计更为重要，为学生获取知识、发展能力设计更有效的学习路径，供学生自主选择。这就要求教师挖掘教学内容中不同的学习路径和学习方法，使学生真正成为学习的主人。同时，教师还必须在课堂上察言观色，做到目中有生，心中有法，把握时机及时点拨、指导，方可取得最佳的教学效果。

当然，教师不仅仅自己要分析把握学生的学习风格，而且更要引导学生能认识到自己的学习风格特点，促使学生把学习风格转化为学习策略。进入教学活动时，教师应该注意学生的学习反映，发现学生学习有困难时，要善于发挥教师的引导作用，或发挥学习能力较强学生的优势；如果发现学生有能力或有意识从事自主学习时，教师就应该将控制权交回到学生的手中。

除此之外，教师还应提供丰富的学习资源。要达成个性化目标，就必须支持学生的个性化学习，学习环境应该给学生提供学习过程中所需要的多样学习资源、学习工具。在学习资源和工具的支持下，要注重学生的活动，以丰富的活动方式，作为实施个性化教育的中介，以活动促进发展，倡导主动学习，强调知识向能力的转变。不同认知风格对学生学习有不同的影响，适合学生认知风格的教学更易发挥学生潜力，并能取得更好的教学效果。

三、指导分层——基于学习能力不同的学习主体设计与引导

在教学中，教师如何指导学生开展学习，能够根据学习能力不同的学生主体设计教学内容和教学环节？有的学生具备较强的自学能力，可以独立去学习；有的学生学生能力不足，则需要开展小组合作学习，有的根据教学内容的需要，根据学生不同的学习能力，通过小组合作来完成。

在小组合作过程中，教师可根据不同层次学生在知识、能力及多元智能发展情况方面的差异，采用不同的小组合作学习方式。如，可把智力水平接近的学生分为一组即同质分组，也可把不同兴趣爱好的学生分为一组即异质分组。不同的小组

合作方式便于学生的交流,也便于教师的分层提问、辅导、练习、评价等教学环节的开展,达到群体教学和个别教学的和谐统一。

当然,在小组合作的过程中,也可以给每位学生分配不同的任务来完成。例如,在五年级的探究活动中,围绕"小区环境保护情况的调查与研究"这一调查课题,可以通过小组合作学习来完成活动任务。学习能力强的学生则更多地去承担一些问题的发现和学习成果的表述与再组织;学习能力尚可的学生则可以承担寻找方法和路径,并组织实施;学习能力较弱的学生则更多地承担收集、提供一些相关资料收集的任务。又或者,在分配任务的过程中,反而给学习能力较弱的学生布置高要求的任务,鼓励他去勇敢地跳一跳,其他学生则更多地进行帮助。这样既能发挥学生的主体性,又能达到优势互补。

1. 异质分组,优势互补

"异质分组"的原则。依照学生的组织能力、学习能力、性别等方面进行优化组合,使每个组都有各个层次的学生,为各小组的公平竞争打下基础。在确定小组的时候,结合学生平时的学习情况以及男女的比例进行分组。每组中,既要有学习好的优等生,也要有学习一般的中等生,还要有学习较为薄弱的学困生,从而组成一个紧密的学习体。同时还要考虑男女生的搭配,避免出现男生过多或女生过多的现象。这样分组的好处在于教师针对的不再是每一个学生,而是一个个分解组合了的学习体。每个小组还根据所要完成的任务确定好组长、副组长、记录员、报告员、检查员等职位。这样不仅可以提高学生的合作兴趣,也可以改变学生在组中长期形成的地位,给每个学生都提供发展的机会。

例如,在练习口琴的过程中,学得快的同学可以指导个别学得慢的同学,互相学习、交流,让优秀生为困难生提供帮助。小组全部演奏过关的,将小组中的每个成员获得小奖章,这是小组集体的荣誉,同学们都很认真。又如在教授二年级歌曲《乃哟乃》时,先将学生按三个层次分组,并针对这三组学生提出不同的学习目标,要求学生按要求学习,教师参与到每个小组中,成为小组中的一员。这样不仅接近了师生的距离,也能更好地与学生共同学习和交流,最后让学生分组展现,检验学习成果。在讨论中,学生对某一问题仁者见仁,智者见智,相互补充启发,从而提高了分析、理解、鉴赏的能力,创造性地解决问题。

2. 同质分组,共同探究

同质分组,可以根据学生学习水平相接近,或运动技能上大致相同等各个方面来进行分组。同质分组的教学方法主要是为了适应不同智力差异的教学方式。在同质小组的学习中,教师对学习有困难的层次小组可以重点参与,给予充分的指导、提示与点拨,与学生共同探究。此外,教师还可以根据实际情况适当地为学习较为薄弱的小组降低难度,使他们逐步地完成学生目标。

3. 自由分组,激发兴趣

自由分组的各组成员多是兴趣和爱好相同或相近、感情较好的几个人组合在一起,他们的愿望、需要和感受都有相同或相近的倾向性,包含着相同或相近的内驱力或生理需要的直接练习驱动性,他们对客观事物的态度具有相同或相近的体验,所以他们合得来,愿意在一起学习、商磋,从而提高了学习的兴趣。从心理学的角度去分析,有了兴趣的倾向性,即能产生兴趣的效能性。所以,这样组织起来的小组充分发挥了学生主题要素的作用,调动了学生学习的积极性和主动性,易于掌握新知识,新技能,并能综合运用向深度发展。自由组合的人数少,而且彼此比较了解,为发展学生的聪明才智,为表现自我提供了充分的时间和空间。

采用了自由组合分组,他们是爱好、兴趣相近的人在一起。兴趣反映了个体对某种事物倾向性的态度,这种态度表现为对这一事物的趋向、意向相同,个体行为反映出对某种事物的喜爱或偏好。有了兴趣的偏向性,可产生兴趣的持久性,从而产生兴趣的效应性。个性相近的学生在一组,他们可以自由发挥、创新、设计练习方法,始终保持着探索的欲望,不再是被动地听、被动地学、被动地练,而是积极主动地参与,这样,更促进了教学效果的提高。

在教学中,教师往往会采用灵活多样、生动活泼、通俗易懂的方法进行教学。对层次较好的学生,适当加大知识和技巧训练的难度、深度。而对层次较差的学生,教学进度就要放慢,难度也要相应降低一些。另外,合作学习也是分层施教中,教师采用的主要方法。小组合作学习方式是建立在学生互助合作基础上的,以不同层次学生小组为单位的教学形式,有同质分组和异质分组。在分层合作学习中,教师不再是以引导者、指导者、评价者的身份出现,而是让学生能通过互补的方式掌握所学知识和技能。

四、任务单的设计与运用

学生因知识水平及智能发展的不同,在探究的内容和探究的层次上也会存在不同大小的差异。因而,在教学中采用分层引领技术,是引导学生运用所学知识,主动探究,解决问题。在引导学生主动探究的过程中,教师不仅要根据学生个体的差异,采用不同的分组方式和适合学生自主探究的方式,还需要设计有个性化的任务单,并能将任务单运用到恰到好处,使学生能更好地完成任务。例如,在探究学科中,关于《一次性用品》这一教学内容,教师要让学生明白一次性用品的危害,根据学生情况,分成不同的小组,也就是同质分组,让相同的能力或学习水平的学生分为一组。然后给予不同层次的小组同学不同的学习任务单,学习任务单的探究内容不同,对于不同层次的学生来说都能完成,这样既能让各层面的学生有自信,更让学生在探究的过程中,使原有的技能得到了施展。

调 整 与 说 明

一、让每一个学生享有均等的学习资源

"让每一个学生享有均等的学习资源"是教育所追求的目标和努力的方向。在教学中,教师应根据不同学生的差异,为学生提供可行的学习方法,能够让每一位学生都能享受到均等而适合自己的学习资源。要实现均等的学习资源,就可以依靠教学中的分层引领,让学生在学习过程中,不仅落实了过程与方法,而且强化了知识与能力,起到一举两得的效果。那么,学生将会是受益无穷的。

二、帮助每一个学生寻找最合适自己的学习方法

课堂教学的本质,是为了要帮助每一位学生寻找适合自己的学习方法,帮助每一位学生由学会走向会学,并把学习方法与促进人的发展结合起来。通过各种不同的教学形式给学生充分的学习时间和学习空间,让学生积极参与学习,并从中领悟到学习方法。学生或是质疑、议论、解答的过程,或是积极主动发现问题,提出问题,分析问题的过程。在这个过程中,学生求知的心理欲望得到满足,获取知识的

成功过程会让学生产生愉悦的心情,主动参与的积极性和自信心也会进一步加强,同时,也是发挥学生主体作用的重要环节。在这样的过程中学生主动学习,探索新知,大胆表达,再富有个性,学生即掌握了知识,提高了学习能力,也树立了正确的人生态度和价值观。

三、将学生差异转化为学习资源

在教学中,教师应该将学生差异转化为有效的学习资源,使学生能够用他们自己所理解的方式去获取知识,以满足学习风格不同学生的需要。教学中,尽可能地采用情境学习、合作学习、交流评价等多样化的教学方式,既可以保障每位学生享受教育资源和发展的权利,又给学生提供研究性学习的机会,消除学生学习中的自卑、骄傲等消极心理,使所有学生都能通过自己的努力,尝试成功的喜悦,大大增强了学生的学习信心,激发学习兴趣,促进整体素质的提高。

案 例 举 隅

[案例一][1]

"美术课要有艺术味"
——《切开的剖面》同课异构教学案例

【案例背景】

课堂上,学生都很喜欢上美术课,在这里,他们可以不是简单的临摹,而使这节课变得轻松愉快;可以有丰富的想象力,天马行空。但对于四年级的学生已经不仅仅只是基于这些,教师应该更多地关注他们对于知识点的掌握和审美情趣的提高。特别是中高年级写生课的分量不断增加,那么要上好一节写生课,最关键的是什么呢?在教学设计时,是要教给学生简单的写生,还是要让他们在学习中提高自己的审美情趣呢?在美术课中如何有艺术味?围绕这些关键问题,再根据学生实际情况确定教学内容、制定教学目标,设计教学过程。

---

[1] 案例提供者:闸北区第四中心小学　余伟春

《切开的剖面》是美术书画版第七册中"奇妙的图案"单元里的一课,是学生通过观察、比较、了解表现切开的果实剖面美丽的图案,并根据不同瓜果的形状、质地、颜色进行绘画,在此基础上对图案进行简化与组合。使之成为一幅具有装饰效果的图案画,从而延伸到对"波普艺术"的了解和学习。通过三次不同的教学实践后,教师深深感到:三次教学的不同、最后学生作品呈现的效果也不同。这不仅让教师想到"美术课应该怎样来培养学生学习的艺术味?"下面就《切开的剖面》一课的教学进行具体阐述。

【第一次教学】

第一次备课时,根据课本以及教学参考资料上的内容,教师制定了本节课的教学目标和重难点,具体内容如下。

【教学三维目标】

情感与态度:感知瓜果蔬菜切面的自然纹样美,体验活动带来的乐趣。

知识与技能:初步知道瓜果剖面有自然线纹,并进行简化与组合构成图案,运用学过的色彩知识设计色彩图案。

过程与方法:通过观察切开的瓜果蔬菜剖面形状、线条和色彩,掌握不同瓜果蔬菜剖面的结构特点,在多媒体演示与绘画实践中初步掌握图案设计的方法。

【教学重点与难点】

重点:感知瓜果蔬菜的剖面结构,用写生与变化的方法表现图案的美。

难点:运用学过的色彩知识和技能表现剖面图案。

在上课时,教师主要设计了以下的教学环节:

1. 导入

今天老师带来了一个苹果,苹果大家都吃过,它是圆圆的,红红的,那切开后苹果里面会是怎样的?(老师拿出小刀一切为二)原来水果里面是这样的。那我们把物体切开后呈现的这个面就叫做剖面,由此引入本课的教学内容《切开的剖面》。

2. 新授

在第一个活动设计中,先请两位同学上来试试,然后老师反馈并示范,接着请学生再次观察自己的蔬果,按照老师演示的方法用笔勾勒出外形和主干。在第二个活动设计中,主要是由学生自主涂色,运用图片欣赏的方法,让学生知道主色和相近色。

3. 评价

教师请学生两人一组,贴于类似相框的纸上,采用自评、互评的方式对学生的作品进行评价。最后,让学生谈谈喜欢哪一幅以及理由,从中区别作品的不同。

这节课可以说达到了预期的教学目标,重难点的教学完成得很好,学生全部完成了作业,各个教学环节也按教师预想的很顺利地实施。但是,学生所完成的课堂作业却没有预想的好,毫无美感可言;学生的作业缺乏创新,完全是根据教师的示范,一味地按照实物写生来做。在评价环节中,让学生说说"你最喜欢哪一幅?"很多学生只是支支吾吾,说不出个所以然。

【反思】

为什么会出现这样的情况?课后教师对整节课进行了反思,得出这样的结果:

1. 太依靠教参提供的教学目标和教学重难点,却没有考虑到四年级的学生只是在于对一样物体的写生,是简单的"依葫芦画瓢"。由于教师缺少了让"学生观察的时间",所以学生所呈现的结果要么是把剖面画得非常仔细,一点一线地画,造成时间上不够;要么有的学生粗粗画出剖面的线条,又不能很好地表达意思。

2. 就教师自己而言,没有很好地理解本课的美术内涵和教育内涵,只重视导入部分的"趣味性"和操作的"实践性",而没有考虑到四年级学生的实际情况和学生之间所存在的差异。这节课也让教师陷入了思考:到底是要让学生写生,还是要在写实的基础上让学生增加艺术味?

【第二次教学】

反思《切开的剖面》第一次教学,感到课堂中体现的"艺术味"不够,学生审美情趣和能力不高,美术课并不是为完成某项技能目标而设计的,而是为了能在活动中进行美术知识、技能的学习和美术素养的养成,以及创新精神的培养。如果问教师"通过这节课,我主要落实什么?"于是,结合四年级学生实际情况,同时为了提升学生的美术内涵,教师重新制定了教学目标。

【教学三维目标】

情感与态度:感知瓜果蔬菜切面的自然纹样美,体验活动带来的乐趣。

知识与技能:初步知道瓜果剖面有自然线纹,并进行简化与组合构成图案,运用学过的色彩知识设计色彩图案。

过程与方法：通过观察切开的瓜果蔬菜剖面形状、线条和色彩，掌握不同瓜果蔬菜剖面的结构特点，在多媒体演示与绘画实践中初步掌握蔬果剖面的绘画及运用"波普艺术"的方法设计图案。

【教学重点、难点】

重点：感知瓜果蔬菜的剖面结构，用写实与简化的方法表现图案的美。

难点：掌握蔬果剖面线条的画法和色彩的变化。

根据以上教学目标，教师设计了如下环节：

1. 导入

让学生以做游戏的方式进行，通过"椅背后的纸上写有蔬果的名字"来拿蔬果，请同学们在最短的时间里画出你所看到的蔬果的外形。

2. 新授

同样是设计了两个活动：第一次活动是在学生作画的过程中，教师也画了一张和学生不同的画，请学生一起来观察一下，那里面的点或者线条是如何排的？教师再次小结、示范。然后请学生再次画画自己桌上的蔬果。第二次活动是让学生知道蔬果颜色为什么会有深浅变化？然后出示了一个蔬果的四个不同的颜色的画面，从而引入到"波普艺术"的介绍。

3. 评价

在作业展示的时候，教师也改变了第一次的两人合作方式，而是改成了8个同学为一组，在之前"波普艺术"的铺垫下，请学生谈谈"为什么喜欢这幅画的原因？"学生就带着欣赏的眼光来评价了。

这节课既拓展了学生的知识面，又展示了教师美术技能的指导。教师要求学生通过一次次观察、一次次修改，最后作品展示比第一次美观了许多，学生的作品在造型上有了很大的提高。可能考虑怕学生时间上不够，所以有些知识还是比较肤浅。

1. 学生的观察还不够到位。

2. 波普艺术的介绍还只是停留在表面，学生不知道为什么要用这种绘画风格作画，有什么作用？

3. 作品展示还不够美观。

经历第二次教学后,教师已经有所领悟:既然要教给学生"写实"的本领,那就得扎扎实实的、一步一步的带领学生学会如何把一样物体认认真真地、用写实的方法画下来。

【第三次教学】

反思两次教学中的问题,教师也找到了共同点:在造型绘画上都缺火候,效果都不是最佳。虽然在第二次授课时我已经着重讲解造型的绘画,想有更多的时间放在第一次的活动中,但结果都不尽人意。

思前想后笔者感到美术课堂教学的效果也直接影响到美术作业的效果,也就是说作业展示是检验课堂教学的手段。因此,教师决定从学生作业入手,提升学生的审美能力。因为对于四年级的学生,不能只停留与教师的教,而是要让学生在所学的知识上提升自己的审美能力。于是教师在第三次制定的教学目标的时候,把"作业内容"设计为:用肯定的线条画出蔬果剖面的线条,并用"波普艺术"的手法装饰画面。"练习活动"则主要有"快速画出蔬果剖面的线条"和"交流波普艺术,并用这种方法作画"这两次实践活动。

这次教学目标选择了直入课题、重在学生的练习和实践操作。在学生画好的基础上提升审美能力。

设计了如下环节:

1. 导入

把切好的蔬果直接发放给学生,让学生谈谈剖面里的线条是怎样的?

2. 新授

用最快的速度把蔬果外形和剖面里面的线条画出来,并出示教师的作品。请学生比较哪个最好,这主要是让学生从写生过渡到写实。然后通过教师的示范,请学生再次画画蔬果的剖面。在活动二中,穿插了学生自己介绍"波普艺术"的内容,这个是事先请学生回家查找资料的,然后上课的时候来交流,这比教师自己介绍,笔者觉得更有利于让学生对这个艺术风格的了解,也更亲切。

3. 评价

在作品展示中,改变了上次 8 张作业为一个版面的设计,而是改为九宫格的方式展示，这一方面有承上启下的作用，因为刚才介绍了"波普艺术"，这种艺术就常常是以这样的方式展现在人们的眼前；二是让学生对色彩进行复习，就是用一种主色的不同色系来绘画；三是联系生活，因为波普艺术常用于广告中。在评价中，一改以往的"你喜欢那幅画？"而是以自测表的方式，让学生勾勾、写写，及回顾本节课的内容，也提高了课堂效率，更注重了四年级学生的年龄特点。

根据这一次的教学过程，学生的作业水平明显提高了，展示的作品也美观多了。这次教学的重点并不是学生作业要多么地创新、多么地漂亮，而是扎扎实实地画好我们的画，在画的基础上提高我们的审美能力。

"培养学生用眼睛去感觉生动直观的艺术形象，这是审美的基础！"——这就是教师要加强造型艺术的学习结果。

【教学反思】

同一节课，不同的教学目标、教学重难点，产生了不同的教学效果，学生学到的知识、掌握的技能也各不相同。通过《切开的剖面》三次教学，笔者感触良多，从第一次试教后的全部推翻，而后考虑这节课的侧重点到底放在什么位置，是简单的写生，还是在写实基础上加入美术味？是让学生死板的模仿，还是在学习中各种能力有所提升？

第一次教学，教师把所有教参上要求的都教给学生，但是学生作业呆板统一，缺少"艺术味"，体现不出美术课美术味的特点，这节课变成了简单的写生课。

第二次教学，教师教会学生观察蔬果剖面，学画蔬果剖面，自以为已经说得很清楚了，但结果还是不理想。虽然学生的作品中已经从原先的写生课改变成了写实课，但展示的作品还是不够美观，也没有起到审美这个艺术要求，只是笼统地告知，而没有真实的感受，实践和艺术还是脱离。

第三次教学，教师紧紧围绕"写实——简化——艺术"的表现，教会学生用所学的知识来装饰图案，结果是可想而知的。学生在不断地观察、写实、再观察、再写实，美术课的艺术性、审美性、教学性得到了体现。

"美术课要有艺术味！"是小学美术学科中高年级所要探寻的课题，我们要从多方面去考虑，首先是看教师本身的业务水平偏向于哪一方面；其次也要从学生实际出发，看看学生的学习能力能否达到教学水平。我们只有通过不断实践与反思，促使学生全身心投入到课堂中,感受美术的魅力,体验学习的乐趣。

[案例二][1]
歌曲《乃哟乃》重构教学案例

【案例背景】

音乐教育是审美的教育,在高雅艺术的熏陶下,能够让学生的身心不断地得到愉悦和享受。在小学音乐教学中,学生普遍都挺喜欢上音乐课,在教学实践中,我们却发现,每个学生的音乐素养因为他们自身的天赋、家庭环境影响和他们的主观能动性的不同,所以即便是同一个班级、同一个老师用相同的时间、相同的方法指导出来的学生,在学习效果上也会有截然不同的体现。为此,教师们尝试了各种方法来改善这种现状,比如低起点、小步走,抓中间,带两头,但是限于教师个人的时间、精力,这些都只能面向班级一小部分的学生,其他学生的发展始终会受到一定的影响。

在这样的前提下,音乐教学中的分层教学就是让不同层次的学生都能不同程度地掌握音乐知识,解决吃不饱和吃不了的一些问题。

【关键词】

个性差异　分层推进

【第一次教学】

一、导入,初步感知歌曲

1. 导入。(课件出示中国地图)

师:小朋友们,你们知道中国有多少个民族吗?我们是哪个族?

2. 学生欣赏图片感受土家风情。

师:今天老师带你们去领略一下独特而神奇的土家族风情。看!这是土家的山山水水,你们觉得漂亮吗?不过吸引我的不光是这些,你们瞧:这是土家人的房子,成片的吊角楼就是他们温暖的家。这是土家人的服饰,颜色鲜艳并有很多配饰。

二、揭示课题

---

[1] 案例提供者:闸北区第四中心小学　杨琳

师：我们刚边看画面时还听到了快乐的音乐，这是一首土家族儿歌，歌名叫《乃哟乃》。

师：多奇怪的名字呀？"乃哟乃"是土家族语，翻译成汉语是"快快来"的意思。让我们一起来呼唤伙伴吧：乃哟乃！

师：那就让我们一起乃哟乃、快快来听听这首土家歌曲吧！

三、在找、唱、听、奏活动中，感受土家族歌曲《乃哟乃》的音乐特点

1. 学习《乃哟乃》歌谱。

师：请小朋友们观察一下，这首土家族歌曲只用了3个音符写成，是哪3个音？

生："do、mi、sol"

2. 师生一起学唱歌谱。

3. 播放《碗盆交响》的课件视频。

师：今天，老师把生活中的碗筷带到了课堂上，我们听听！

4. 师敲击碗让学生听，说出它们的声音特点？

师：你们知道吗？我们刚才学的1、3、5三个音就藏在这碗里边，你能用小耳朵把它找出来吗？

5. 师按照高低敲击碗，让生听唱并用空手模仿敲击。

6. 师生合奏《乃哟乃》。

师：现在老师想与大家合作演奏土家歌曲《乃哟乃》，听清楚要求，请1位小朋友上台来用碗筷演奏红色色块531，其他部分（即蓝色色块部分）由老师敲奏，台下的小朋友也在531处用手指模仿台上小朋友的演奏。表现出色的，请他上台来敲！

师：谢谢同学们的合作！

四、学唱土家族歌《乃哟乃》

师：你们想不想知道土家小朋友在歌曲里唱了些什么？请你仔细听！

1. 录音范唱，师生一起聆听。

师：我请5个小朋友上台来把歌词贴上，我们边听边看看他们贴得对吗？

2. 再次播放一遍录音范唱。

师：看到歌词，你们说土家小朋友的生活是怎样的？

生：（快乐的 幸福的……）

师：跟着老师轻声把歌词读一读，记一记吧！

3. 师带着生有节奏地念歌词进行二遍。

4. 学唱歌曲。

　　A. 第一遍师唱一乐句生跟唱一乐句。

　　B. 第二遍师弹一乐句生学唱一句（进行二遍）。

　　C. 第三遍师唱其他即蓝色部分，生唱红色色块部分即"乃哟嗬"并配上高兴的动作。

　　D. 第四遍师生互换。

　　E. 师再重点教唱没唱好的乐句。

5. 师合音乐伴奏范唱一遍。

6. 生合伴奏快乐地齐唱歌曲，并在"乃哟嗬"处做动作表示高兴的心情。

【教学反思一】

　　这堂音乐课为了充分体现"以学生为本，以音乐为本"的教学理念，将学生对音乐的感受和音乐活动的参与放在重要的位置。因此这节课，教师尽量营造轻松、快乐的课堂氛围，充分尊重学生以形象思维为主，好奇、好动的年龄特点，运用了多媒体教学，用情境导入、实践法，及小组比赛等教法来激励他们学习土家族歌舞的兴趣，使学生们能积极主动地参与各项音乐活动，力求做到在动中学，玩中学，乐中学，创中学，感受到成功的喜悦。不过在学习过程中，还是有些学生在识谱，唱谱的环节中跟不上节奏，导致全班在视唱中速度会较慢，唱了好几遍还是不能清楚地唱好旋律。为了解决学生的学唱困难，教师在学习歌谱中又开展了小组合作，认唱识谱的活动。

【第二次教学】

　　在找、唱、听、奏活动中，感受土家族歌曲《乃哟乃》的音乐特点。

1. 点击课件《乃哟乃》歌谱。

　　师：请小朋友们观察一下，这首土家族歌曲只用了3个音符写成，是哪3个音？

　　生："do、mi、sol"

2. 师生一起认唱 do、mi、sol 音高。

　　师：我把这三个音随意组合在卡片上，六人为一小组，每个小组认唱一张，看看哪个小组唱得最棒！

3. 小组合作唱歌谱，师巡回指导，小组汇报并进行相互评价。

4. 找找重复音符组合。

师：看看在《乃哟乃》歌谱中有一个小节音符组合重复了许多次，是哪一小节？

生："sol、mi、do"小节。

师：重复了多少次？是的。重复了5次。这首歌曲因此有5个乐句，每句的句尾都是以"sol、mi、do"结束，这就是土家族歌曲的特点。

师：下面来个接龙唱谱。同学们唱每一乐句最后部分，其他部分老师来唱。

【教学反思二】

在第二次教学中加入了小组合唱的活动。小组全部唱出过关的将全体获得小奖章，这是小组集体的荣誉，同学们都学得很认真。在分组过程中，教师要参与到每个小组中，成为小组中的一员，这样不仅接近了师生的距离，也能更好地与学生共同学习和交流，了解学生学习情况，最后让学生分组展示，检验学习成果。在讨论中，学生对某一个问题仁者见仁，智者见智，相互补充启发，从而提高了分析、理解、探究，鉴赏的能力，创造性地解决问题。

【两次教学效果比较】

合作学习是建立在互助学习合作基础上的，以不同层次学生小组为单位的教学形式。在分层合作学习中，教师不以权威者、知识拥有者自居，而是以引导者、促进者、赞叹者的身份出现。在学习的过程中，学得快的同学带动学得慢的同学，互相学习、交流，让优秀生为困难生提供帮助。合作学习也使学生锻炼了合作能力，学生学习起来更有兴趣和信心。

本章参考文献

1.《"分层教学　分类指导"教学模式研究》,汪新凡,教学研究,2005年

2.《浅议小学语文教学——分层指导、分类指导》,赵岩,教育实践与研究,2012年

3.《分层指导　共同进步》,孔明,新课程(小学),2010年

4.《"分层教学分类指导"课堂教学模式》,陈建平,现代中小学教育,1999年

5.《分层学法指导的规律与策略》,孔令福,郑福来,小学教学研究,1991年

思维生成之激发
——技术5：衍生学习

为了促进学生对知识更深入地思考，通过生成性学习、长作业设置等方法，设置新的学习任务，使学生在问题解决的基础上产生新领悟，产生新问题。

衍生学习是指为了促进学生对知识更深入地思考,通过生成性学习、长作业设置等方法,设置新的学习任务,使学生在问题解决的基础上产生新领悟,产生新问题。

价 值 与 意 义

在现代教学心理学视野下,化旧为新,触类旁通,举一反三,重新审视衍生学习的内涵,可以发现,衍生技术与现代教学心理学思想有着高度的一致性,其教学意义非常丰富。

一、从教育目标看,衍生学习不单是教师教授方法的体现,更是促进学生学力发展的重要条件

衍生学习强调教育不仅要关注教师教什么、如何教,更要关注学生学什么、怎样学,这样才能使"学会学习"成为教师追求的最高目标,即促进学生学力的发展。钟启泉教授认为,"重建学习和学力的概念是基础教育课程转型的基本前提之一"。他把"学力"界定为"旨在培养学习动机与主动应对社会变化的能力"。他把课程(学科)目标大体分为以下四个组成部分:一是兴趣、动机和态度;二是思考力、判断力和表现力;三是技能;四是知识及对知识的理解。钟先生将上述学力观比喻为冰山,他认为学力由显性学力与隐性学力组成,浮出水面的是知识、技能;隐藏于水下但支撑浮出部分的是基础,包括思考力、判断力、表现力以及兴趣、动机、态度等。素质教育关注的是上述两种学力的统一。

那么实际情况又如何呢?卢秋玲指出,当前学生在学力发展上存在的不足主要表现在概括能力、独立学习能力、查找资料能力和自我提高能力等方面。诸多研究表明,学力研究已成为各国基础教育研究的热点问题。我国基础教育课程改革首先要解决的就是过于重视知识传授的问题,要使学生形成积极主动的学习态度,使他们在获得基础知识与基本技能的过程中,学会学习并形成正确的价值观。

尽管我们不能说衍生学习就是"先学后教"或"以学定教",但这一技术至少包含了"学—教—学—教"的循环过程。学力的形成过程不是简单的知识堆积过程,而是学习者发现意义、建构意义的过程,是一种充满生命活力的意义生成的探究过程。可以说,衍生学习是促进学生学力发展的重要条件。

二、从学习的过程看,衍生学习重视学习准备与学习反思

现代教学理论把教学过程看做是由教师和学生共同组成的一个信息传输与交换系统,并通过研究对教学的过程进行控制,以达到良好的教学效果。

学习准备与学习反思是教学心理学领域研究的重要问题。学习准备包括经验准备和心向准备,衍生学习更多体现的是后者。一方面"愤""悱"状态,即对学习动机的激发,是"启发"的前提。另一方面,"不复也"则是对教学的一种评价与反馈,也可将其看做是维持学习动机的条件。心理学家认为,动机虽然不直接参与认知活动,但良好的动机能够激发学生的学习兴趣,使个体的学习行为指向具体的目标,并使学习唤醒保持在一定的水平上,从而更倾向于进行有意义的学习。

衍生,也指明了学生学习反思的重要性。反,有"返"的意思。在学习过程中,反思是一种连接,既指向过去所学,又指向未来活动。指向过去所学并非简单重复,而是对学习活动中所涉及的知识、方法、思路、策略等进行探究,具有科学研究的性质。反思作为一种积极的思维活动和探究行为,是学习中不可缺少的重要环节。举一反三的目的是通过反思帮助学生学会学习,以培养学生的创造力,促进学生的全面发展。

需要指出的是,"复"字的意义是指不重复,即不用老的方法。当学生不能举一反三时,教师就不能再走老路了,而要改换一种新的教学方法。实际上,这里也包含了教师的反思。因此,衍生学习不仅能激发学生的学习动机与探究欲望,而且有助于教师进行教学反思。

三、从学习方式看,衍生学习倡导学生的自主学习与发现学习

我国《基础教育课程改革纲要》中提出,应改变课程实施过于强调接受学习、死记硬背、机械训练的现状,倡导学生要主动参与,乐于探究,勤于动手,培养学生搜集和处理信息的能力、获取新知识的能力、分析和解决问题的能力以及交流与合作的能力。这就要求教师要站在学生的角度进行教学,迫使教师的教学行为与学生的学习方式都发生了重大的变化。

无论是"举一可知其三",还是发现学习,都体现了教学是一个在教师引导下进行自主发现、探究和不断创新的过程,这也是学习方式变革的重要内涵。正如《学会生存》所指出的那样,"教育应该较少地致力于传递和储存知识,而应努力去寻求获得知识的方法"。

操 作 与 设 计

很多教师都会有这样的疑惑,怎样在教育教学中让学生真正会学,并能自主自动地学习,而不是为学而学,被动学习呢?在现实的学生学习、教师教学过程中,我们常常会发现孩子读书死记硬背,学习之后对相类似的知识不能进行反馈运用,只是单纯地为考试而学,很少抽出时间,或者有时间而不愿意抽出时间来用于反思归纳,这是学习策略的一个很大失误,更不用谈在实际生活中对这些知识加以运用和通过学习自身产生新的灵感和启迪了。经过教师和孩子沟通,我们发现即使是好学生,在平时能够灵活运用所学的各种知识也是少之又少,体现出"死读书"的状态。

因此,教师通过在教学中不断实践,调整及研究发现使用这种技术进行文本重构,可以通过以下几个操作点来设计。

一、引导掌握方法,做到学以致用并能举一反三

大家都知道学生学习不仅是为了学习相关知识,其更重要的目的是为了对所学的知识加以更好地运用,能举一反三,并用来解决生活中的实际问题。而且我们也知道在中国有句古话:"授人以鱼不如授人以渔。"这句话的含义说的就是传授给人纯粹的知识,不如传授给人学习知识的方法。实践也证明学生在学习过程中,如果掌握了科学的学习方法,那提高学习效率并不难。

1. 尝试在学习实践中寻找规律,为掌握学习方法做铺垫

现如今不会学习是大多数孩子身上存在的一个普遍性问题。很多孩子看似很认真,蒙着头去苦学,但没有掌握基本的学习方法,必然要走很多弯路。一旦掌握各学科学习内容的其中规律,提升学习效率就简单很多。对于孩子掌握好科学知识点内容的规律问题,就要求我们教师把引导学生"学会学习"作为自己的重要任

务之一。通过引导让学生知道学习不仅要吃苦,更要注重学习过程中通过观察、猜测、实验、推理等活动,有助于寻找知识内容的规律、方法。

在数学教学中,对数学学科中的一些定义规律,计算公式等,教师可以让学生自主摸索,亲身经历知识内容的形成过程,来提升学生的学习效果。而事实证明学习结果的确会比教师讲解、演示效果好得多。当然学生如果在探索过程中有思维受阻现象,我们觉得教师更要有耐心,不是为了赶进度,急于将答案全盘托出,而是只作适当提醒和暗示,帮助孩子去思考。这样让学生自己发现、自己"创造出"这些知识,他们才体会到学习的成功和喜悦。同时学生也会在这种快乐情绪中产生强烈渴求学习的欲望,从而更加积极主动地去学习,去思考,去运用,进而也就能适时运用所学的知识进行举一反三了。

2. 注重掌握、归纳各种学习方法,变学会成会学

面对小学校园丰富的学科教学,大家也可以发现每个学科也都有其学科特点和内容,学习方法也各有不同。语文学科有拼音、识字、阅读、作文等学习方法;数学学科有制表、作图、解应用题等解题方法;英语学科有听力辨析、英语语法等学法;体育学科中有立定跳远、投实心球等技巧的方法掌握;探究型课程中有调查、辩论等探究方法……因此教师如何将不同的内容有机结合,引导学生加以掌握并归纳出相应的学习方法是十分关键的。那么教师如何在教学中很好地传授学习方法呢?教师自己要明确且熟练掌握这类学科内容的学习方法,并对如何在教学中得以展开实施这类学习方法指导有一个明确的系统把握。帮助学生意识到学习方法掌握的重要性,把学会变成会学。

接下来就以语文作文教学为例。我们都知道作文是衡量学生语言运用及思维能力的重要尺码。对中年级孩子来说,作文成了语文学习中的一项重要任务。由于中年级孩子的人生阅历少,见识的事物也少,而且由段到篇,特别是三年级的孩子,开始还不知道从何下手。每次轮到写作文,学生感到又苦又累,痛苦不堪,既没啥写也不知道怎么写,因此教师可以运用"想象与思维相结合"的教学方法进行指导。

因为有时由于中心表达的需要和文章篇幅的限制,与课文相关内容不可能穷尽,有些内容只是简而言之或者略而不写,可以运用"空白"的艺术把内容留给读者

去体会。教学这样的课文,要找准"空白",可以让学生去填补,对全面完整地把握内容,披文入情具有重要意义。如在教学《给予树》一课时,孩子们对于文中那个可爱善良的金吉亚任务特别感兴趣,在他们想象中,只有神仙才能做到这一点,顺着学生的思路,教师在课的结尾处设计了这样一个练笔:天上的神仙看到了这一切,他(她)会说些什么,请选择下面的一个内容写一写:

神仙会对小姑娘说什么?神仙会对妈妈说什么?神仙会对人们说什么?

这样一来,"填补空白式"的教学方法通过反复引导和指导对于学生而言作文写作方法掌握了,就不会觉得没东西可写,更加不会痛苦不堪了。

3. 引导比较事物(知识)间内在联系,学会触类旁通、学以致用

众所周知,学习不能一下子把知识内容都学完,知识是在原有的基础上不断生成的。我们这里所讲到的触类旁通就是通过一种互相比较,通过观察、对比、归纳、判断,得出结论。虽然知识内容会有比较大的不同,而这些知识问题的解决,自然也有它们内在的相似之处,这就可以寻找出内在的联系来融会贯通,学以致用,这也是一种温故而知新。因为学习和生活中的许多问题都是互生的,学习和生活要牢牢抓住思维的脉络,搞清楚来龙去脉。在此基础上,才能触类旁通。这种学习方式非常适合学生求异思维的培养,更能培养学生的一种自主学习,自主探究的能力。教师可以在精讲的基础上,进而进行精练,是一种启发式,一种思维的循序渐进式的引导。

因此,教师在课堂教学中要培养学生多思的好习惯。例如,数学教师在教学补充条件的应用题时,尽量让学生多思考,有几个可补充的条件,就补充几种条件,直到再也没有可补充的条件为止。这样大大活跃了学生的思维,促进了学生的智力发展。在教学加法时,教师从不把知识局限于加法的范围之内,每教一道加法算式都要和两道减法算式联系起来,也就是让学生根据一道加法算式,立刻能想出两道减法算式。经过长期的训练可以使学生在头脑中建立起完整的知识体系,以达到多思的目的。同样在学习乘法、除法、减法时也采取同样的方法。通过这样的练习同学们增强了加减法、乘除法之间的联系。使学生认识到数学各个知识点之间不是孤立存在的,而是互相联系、互相渗透的,只有抓住了知识间的衔接点,才能把知识学活,在知识的运用上才能灵活多变,应用自如,以达到触类旁通、举一反三的

目的。

又如，在英语一年级下册的教材中，单元主题为"季节"这一课中，主要新授春夏秋冬季节所对应的气候特点的表达。这堂课中，教师注重教学的方式方法，利用多种手段，引发学生深入思考，从而激发他们自主学习的内在动力。如用Brainstorm 提高学生学习积极性，引导他们复习巩固之前的旧知。在教学完儿歌后，要求学生自己创编符合该季节特点的儿歌，这一环节能帮助学生举一反三，开拓他们的思维，最后再请学生观看视频回答问题。当然，播放视频之前，教师让学生明确了解需要回答的问题是什么，让他们带着问题去观看短片，激发了学生脑和看并用，相互促进，学生就能更积极地投入到学习中。课后的回家作业中，教师还设置了开放性题目，让学生在课后的不断思考中，有了获取新知识的内在愿望，更进一步激发了他们内在的自主学习的动力。

二、有效提问，创设"难点"，分析思考，产生新思维

作为一名教育工作者而言都知道课堂提问的重要性，它是引起师生互动，引导学生主动参与、积极探究、交流与合作的一个有效的学习方式。同时课堂作为解决问题的主阵地，也是产生问题的发源地。学习方法的核心应该是一种思维的方法，而思维产生必然是从问题开始，正所谓"学贵有疑"，没有问题就不会诱发内在的思考，而不会思考就不会学习。

张平南先生说过："如果把学生的大脑比作是一泓平静的池水，那么教师的提问就像投入池水的一块石子，可以激起学生思维的涟漪及探索的浪花。"这就足以说明只有教师善于摸索和具备提问的一定技能，才能真正促进学生的有效思考，产生智慧火花，得到良好的效果。由此可见，课堂提问在课堂教学中的重要作用。

但目前为止，教师提问设计形式相对单一、简单而机械；有时问题又过多，随意性比较强，缺乏一定的思维深度，教师如何在课堂中去激发学生有效思考？

1. 遵循学生认知规律，层次提问，促有序思考

我们都知道教育的主要任务就是培养和发展儿童的思维能力，而有序思考则是良好思维品质的重要标志，我们必须根据教学优势，去创设条件培养学生的有序思维，从而让学生快乐智慧地学习！激发学生思维，则需要教师具备良好的提问技

巧,这些问题包含学生各个认知层面的问题,由浅入深的进行。

教师可以从学生的年龄特点和认知规律入手,精心设计课堂问题,激发学生学习兴趣,唤起学生思考的欲望,并以此培养学生良好的思考习惯。

四年级第二学期的劳动技术学科中,有一节课是让学生做个垃圾袋架模型,但是直接让四年级的孩子设计垃圾袋架他们没这个认知和设计基础,无法实现。因此,教师根据学生已有的知识经验,提问一:为什么垃圾袋外面要有垃圾桶?学生自然说到可以把垃圾袋口撑开,可以丢起来更方便。教师给学生看各种类型的垃圾袋架,继续提问二:这些垃圾袋架有什么共同特点?学生通过观察比较得出,原来垃圾袋架都有不同风格的撑口、支架和底座。教师继续提问三:如果给你一根铁丝,你能制作加工一个垃圾袋架模型吗,想想需要考虑哪些因素?学生自然而然的向导要从垃圾袋架三个方面考虑设计。这样的层层递进式提问,遵循孩子的认知水平和规律。

同时事实也证明,教师在提出高层面的问题之前,往往需要通过一些低层面的基本认知的问题来扩充学生的知识广度,使学生具备一定的解决复杂的问题时所需要的相关知识。比如在低年级语文故事教学中,给故事取个名字,这算是一个高层面的问题,这就需要学生依据教师之前的低层面问题的提示,来回忆故事情节,在此基础上分析出故事的核心内容,然后在头脑中,通过基本的概括、丰富的想象才能加以回答。

2. 紧扣教学重难点,精炼提问,促深层思考

当然在教师层次性,由浅入深的提问来引发孩子有序思考习惯的同时,我们也要把握教学重难点,提出开启学生心智、促进学生思维、增强学生主动参与意识的问题。

正所谓有效的问题犹如一时间激起千层浪,让学生沉浸在思考的涟漪之中;又如柳暗花明又一村,让学生在探索思考、顿悟中感受思考的乐趣。相反,如果教师的提问很肤浅,即使看似场面热闹非凡,教师一问学生都能统一齐声回答,似乎学生全会了,实则没学什么,还会导致学生养成浅尝辄止的不良学习习惯;又同时如果教师问题模棱两可,学生则云里雾里,一脸茫然,根本摸不着头脑。因此教师如何针对教学重难点,针对性地提出有效问题就显得十分重要,能促进学生深层次的

思考。

作为四年级下探究学科的《小商品，大学问》活动内容，关于买到价廉物美的面巾纸中的第二个价格问题，也就是让学生了解要解决购物问题，这是教学的一个重点，得对事物各方面进行"比较"。教师从问题入手："价格越低就越划算吗？"（一般在质量好的状态下，价格越低越划算，即质量相同，比价格）这个问题引发思考，找出价格低和纸张大小，数量多少有关，并分小组选择加以分析，综合得出购买好方法。例如，由于面巾纸有大小之分，抽数有 45，120，150，200 等之分，外包装有方式不同，由于有塑料纸和纸质盒装之分，价格也分别会有所不同。因此"价格越低就越划算吗？"这个问题引发孩子去发现，原来并非如此。这个时候，教师需要引导孩子去发现这些不同，如果孩子自己发现不了，教师可以利用实物或图片去帮助其发现其中的奥秘。在操作中，让学生明白，比较时一般选择一个方面进行比较和分析，才是购物所需要注意的。这部分环节，一个个内容分析比较，非常拖延时间，教师可事先准备好相对应的几种面巾纸，以小组为单位，分别选择一个内容进行比较分析，并思考填写完成相应的学习单，说出选择的相应理由进行交流，在交流中让学生明白选择价廉物美的面巾纸的其中某一种方法，之后再让学生综合各方面因素加以选择面巾纸就比较容易概括和实现。

以上不难看出教师经过巧妙设计，寻找适合学生的典型问题来激发学生思考，既解决学生对本堂课重难点的把握，又使学生带着没有解决的问题去更积极地投入学习。

3. 解决困惑为出发点，激发自主提问，引自发内在思考

教学中最高层次的境界就是能引导学生在学习的过程中自己提出问题，即让学生自己去发现疑问，促使他们想要进一步思考，去开展讨论，去急切地解决问题，处于"心求通而未及""口欲言而不能"的状态中。而学生的这种问题意识的产生和习惯的形成，会激发学生强烈的内在学习动力，这样学生会更集中注意力，去积极主动地动脑思考这个问题，更全身心地投入到学习中去。

所以，教师在自己的教学中，应该习惯创设学生主动提问的环境，让学生有时间提问，敢于提问，想要提问，这样的课堂才会培养学生主动提问的习惯。

以探究教学里购买价廉物美的面巾纸环节为例：里面涉及到价格和纸张质量，

数量多少等因素,通过35分钟的课堂活动,初步让学生对选购技法有所了解,而其他更棒的选购技法以及真正掌握购买技巧还需要他们在日常生活实践体验中加以积累经验。因此教师提出"对于购物你们还有什么问题想知道的?"这一个问题来激发学生的问题意识,学生就能结合自身经验和认知又提出很多疑问。

(1) 购物时还应该注意些什么可以买到性价比更高的物品?
(2) 购买前,了解什么信息可以帮助我们买到更棒的产品?
(3) 辨别物品质量好坏还有哪些好办法……

以上学生的这些新疑问,由教师创设,最大程度激发了其深一层次的思考,当然这个问题习惯需要多次训练培养,才能让学生成为一种自主地思考,自主学习的习惯。而且在实施过程中教师会发现这样的问题,大部分学生提出的问题都不是能刺激大脑思考的经典问题,而是他随机产生的问题。他们提问其实只是需要一个一针见血的答案,而不是好的思考过程,因此如何培养学生提出有生成价值的问题,教师应采取顺势蔓延、乘胜追思的深化策略,并能尽量灵活调整原有计划,追随孩子思维,去获得意外收获。面对多角度的学生质疑,面对学生认识的不断深化,他们提出的问题也会由以前的表面性走进问题的核心部分,这正是学生创造性的开始,当然更可以设置一个悬念来引发学生对这个问题的更大关注,激发其继续追究下去的欲望,教师这时可以顺着学生的思路延伸下去,通过步步追思,来帮助学生去深入理解和掌握知识信息,这种即是:"顺着学生思路来组织教学"的教学观体现。

三、有效拓展课后内容,促进学生内在自主学习动力

学生良好学习习惯的形成,是一个长期的过程,光靠一堂课是远远不够的。一堂有品位的好课,不仅限于35分钟课堂之中,它不是学生学习的结束,而应该把课堂的结束视为一种新的学习开始,也就是把课后延伸作为引导学生联系课堂内外的桥梁,让他们把学到的知识能力和方法在课外得到实践、扩张、充实,真正培养学生良好的学习习惯。

因此,教师要特别注意课外延伸,让学生通过生活实践领悟所学的道理,真正做到知行统一。在课堂教学结束时,教师如能对所授新课进行巧妙地拓展延伸,不

仅能让学生更深入地理解本课的主旨,而且能使课堂的教育发挥长期有效的作用,切实培养学生的创新能力、实践能力,提高学生的思想认识,这样的课后延伸能让课堂锦上添花。

那么如何将课堂的内容有效延伸到课堂之外,真正促进学生内在自主学习的动力呢?

1. 从学科"文本"的空白处拓展延伸

我们都知道课堂拓展是立足于文本基础上的,如何突破"文本"的限制,对文本进行有效的拓展与超越,是教师值得深入思考和关注的问题。因为教材中提供的文本也是有限的,"教材无非是个典型的例子",如果学生学习能力提高了,最终会超越课堂、超越教材,延伸到课堂外,延伸到生活中去。

例如,语文学科的阅读能力培养,其学习的开放性要求教师能将语文学习的内容向课外进行拓展,在延伸的过程中引导学生去摸索,在课外读本的比较、对照、引申、拓展过程中拓宽学生的思维空间,从而提高学生阅读的质量,培养学生自主探究的阅读能力。

又如,在五年级的劳动技术学科电动小车的制作中,学生完成了基本的课堂教学任务:制作出一辆电动小车。但教师在课堂结尾设计延伸出新的课本中没有的内容:目前这辆电动小车开的比较慢,你能否发挥你的水平,设计制作出一辆行驶速度快得多的小车?可以用哪些方法来加以实现?教师要求学生课后能将自己的构想变成设计草图,体现构思内容,增加可实施的时效性。教师再根据学生的构思草图,确定可操作性,提供材料帮助学生实现设计作品,发挥学生自主思考的内在潜能。而事实证明,孩子的内在潜力无限,一周后主动找老师看其设计构思草图,并解释得清清楚楚,最终把自己的设想变成现实作品,发挥其内在的潜能,这不正是作为教师需要看到的吗?

由此,我们可以看出一位成功的教师,不仅能在课堂上激发学生生成问题,解决问题,更要在学生离开课堂时能带着新生成的、更精彩的问题去课外探究。教师要善于在文本中的空白处挖掘,激发起学生探究的兴趣,引导学生课外自主探究。

2. 与生活实际相结合的拓展延伸

大家都知道学生学习的最终目的之一是为了能更好地解决生活中遇到的实际

问题。陶行知先生的生活教育理论也要求：教育从课堂和书本中走出来，去关注社会生活，即关注生活重于关注书本。可想而知，以生活为中心的教育，不仅使书本知识变活，而且开阔了教师和学生的视野，从生活中吸取综合的多方面知识，从而让学生获得思想和精神力量。

而课堂后的拓展延伸内容的生活化就是要求教师把设计的内容和社会生活结合起来，延伸课堂教学、书本知识之外的生活实际的内容，使书本知识活起来，来进一步引发学生的学习兴趣和学习积极性。更让学生融入家庭、融入社区，去观察、去感受、去锻炼、去分辨，以汲取到有益的思想和知识内容。

在低年级美术学科的课外拓展，教师指导学生去花园观察欣赏各种各样的植物，并挑选自己喜欢的一种通过观察把这种植物的特点用画画的方式呈现出来。这种将美术与现实生活实际相结合，让学生感受美、观察美、体现美的方式，是学生十分喜欢，也乐于去实施的，在操作中最大程度地激发了孩子内在的自主作画积极性。又如，劳动技术教师在学生完成作品制作后，认为课已经结束，就忽略了课后的拓展与延伸，使得学生失去了把课堂里学到的创新理论在课外深化到更高层次的创新机会，也就是发明与创造。因此，结合四年级劳动技术"垃圾袋架模型"一课，在孩子们课内高质量完成了作品后，作为教师就可以继续延伸到课外，"你们能否为自己的桌面设计一个能分类丢垃圾的小垃圾袋架？"难度提高，但又结合生活实际，解决实际生活中的问题，孩子的积极性就高了，课后自发的讨论设想，回家后主动尝试去做，便激发了孩子内在的学习动力和自主性。

3.结合热点时事拓展延伸

教师除了挖掘文本空白处进行拓展延伸外，也可以针对时事热点和焦点作为课外延伸内容，其实这常常也是学生平时能够接触得到的，如新闻、报纸等。作为老师如果能立足于课本，将一些社会现实中学生可能感兴趣的"热点"与教材内容有机地结合起来，就会使学生对学习兴趣盎然。引导学生在课后进行这方面的内容，将会点燃学生的思维火花，促使他们开动脑筋，学会从更深更广的角度去思考问题。最终引导学生养成关心国家大事，要一分为二地看待一些事情的良好习惯。

比如，在品德与社会、自然、探究型课程、校本课程等一系列课堂教学之余，尝试让中高年级学生去收集、整理简单的时事资料（如，人与动物，人类与生态环境、全球变暖、新能源的开发与利用等),就是促使学生把目光从相对狭窄的书本空间投向了整个辽阔的社会大舞台,让他们去尝试关注、尝试体会这个世界的变化,感受时代的脉搏,从而培养学生关心社会、关心国家、关心自然和人类的良好品质,培养他们认识这个社会、适应这个社会的能力。

对于语文教学,我们也可以与课外阅读相结合,向学生推荐一些有关科学、奋斗、地理、历史等方面的课外书籍,以拓宽学生的阅读知识面,丰富他们的课余生活。

当然,课后拓展衍生是课堂教学的延续,形式远不止上述所谈到的这些,还会有更多的形式等着我们教师去发现、探索和实践。作为工作在教育岗位第一线的教师,我们深深地感到重视课后拓展在教学中的重要性。通过课后拓展延伸,可以让学生进一步提高收集与整理信息的能力,获取新知的能力,自主探究学习的能力!

调整与说明

在衍生技术实施的过程中,我们教师要根据实际情况,立足于学生,站在学生角度去设计运用各种教学方法,真正改变学生学习的方式,激发学生的思维,最终形成学生自主学习的内驱力。

一、因人而异,给予学生时间,不操之过急

在这里,我们特别强调教师要给予学生时间,帮助学生明白如何去寻找最合适自己的学习方法,切不可超之过急。由于不同的学生会有不同的个性,自然在学习中有不同爱好的学习方式和方法。

有的学生相对喜欢一个人安静地面对学习,而有的孩子更乐于在大家商讨中学习。有些学科的内容学习方式相对较多,如探究型课程,如果能够综合加以运用固然非常好,但对于一个学生来说,一些学习方法就要因人而异,教师可以根据学生实际的基础好坏、思维模式类型、性格特点等众多因素去做综合的确定,只有最适合学生个体的学习方法才是最好的方法。作为教师,记得善于让孩子去了解和明白自己更适合于何种学习类型,然后再按适合自己学习类型去寻找到最适合自

己的学习方法,这是最合适不过的。

　　同时,学科课堂时间为35分钟,时间不长,但不意味着学生学习时间减少,教师应综合考虑教学手段和实施方法,给予学生学习的时间和空间,最大程度的激发学生学习方法的掌握,有效思维的潜能。

　　以美术学科为例:由于以前40分钟的美术课缩短为35分钟了,5分钟的教学时间对于美术学科可不容小视。为了能较好实施,美术教师适当调整了课堂教学手段,简化了完成作品的难易度,减少了学生动手实践操作的时间。但如何保证小学低年级美术课的教学质量,或高质量完成美术教学任务就成为老师需要认真思考的问题。

　　为了有较好的教学效果,保证作业的质量,那么教师就需要重新研磨教材,二次研究教材。从单个造型入手,先对单个绘画内容进行尝试练习,再选择适合自己难度的作业进行造型设计,大力提倡采用"点、线、面"进行装饰,反对大块面的涂色,逐渐转变学生固有的学习模式,选择多种不同的表现手法,并在课后的延伸拓展部分对作业进行单个造型的设计、线描、剪贴、纸工艺、综合工艺等等的多种学习,使各项美术技能在1~2个长作业内从初次接触到慢慢掌握,最后乃至娴熟这一过程,由于低年级学生每学期均有1~2个长作业设计训练,帮助学生作业从粗糙向精致型成功转型。

　　例如,二年级上半学期的《向日葵》,教师在这一课长作业设计时,先用油画棒画一画单棵或两棵向日葵(1课时);再用线描的方式来白描向日葵(1课时);接着用水粉颜料来画一或两朵花瓣颜色有变化的向日葵(2课时);然后用剪纸的方式来制作一朵向日葵(1课时);再用撕纸的方式做向日葵花园(1课时);最后用双色编织花心的方式来做几朵向日葵(2课时),三课时的学习任务在教师的重新调整下变成了八课时,学生在学习用多种手法表现向日葵造型美的同时,他们的多项美术技能得到了提升。

　　由于美术课堂教学活动是进行大组学习的,因此在这一类教学内容的互助学习中,相对较弱的学生不断获得学习能力强的学生帮助,进步就会很快。

二、教师自身传授学习方法清晰明确,有创新思维

新课程提倡教师要"活用教材"而不是简单的"教教材"。作为一名教师能在使用教材的过程中融入自己的智慧和科学精神,以及自身对教材知识进行重组和整合的能力,努力运用创造性的理解方式去开发教材,使得教材为自己的教学服务。

在劳动技术"动力小车"一课中,小车行驶速度的大小与哪些因素有关呢?教师要事先制作好后,反复验证,做到心中有数。在课堂中将问题加以放开,让学生们大胆猜测想象出许多因素,然后再请学生尝试验证自己的猜测如何,最终让学生再次反馈,引导学生探究得出正确的结论。这样学生在获取减小摩擦力,有助于小车行驶速度这一知识的同时,其在思维能力、情感态度价值观等方面都得到了一定的发展。

在这点上,作为教师必须要有创新的实践精神,也必须有创新的教学手段,才能真正引导所教的学生去进一步思考,并在多元、开放的课后拓展中激发内在学习动力,最终实现教学改革的目的。

三、学生创新思维多鼓励

记得有位教育家说过:"蜜,是很甜的东西,它还能粘住任何东西。"课堂的主体是学生,学生是活动的主人。作为教师学会去欣赏、认可、赞同学生在学习中的所感所受和所有作为。即使学生的思考有些偏差或者不切实际,但教师要肯定他的大胆想象和创意,再适时引导学生朝正确的方向思考。这样孩子才会在下一次再次和你大胆地沟通。我们教师平时可以用到的鼓励性语言可以是:"老师太佩服你了!""老师非常欣赏你的观点!""期待下次表现更精彩的你哦!""老师非常期待你的探究小调查!",等等。这些语言上的鼓励和肯定是一种神奇的力量,能促进学生自主去学习、思考、提升!

案 例 举 隅

[案例一][1]

激发思考,举一反三

【案例背景】

英语的学习是一门语言的学习,而语言不可能孤立的学习,整套牛津教材的教材分布也是采取螺旋式上升的形式,在一年级下册的教材中,单元主题为季节这一课中,主要新授春夏秋冬及四个季节所对应的气候特点的表达,而在三年级下学期的教材中,主题为季节的单元主题又一次出现了,学生有了之前的学习,触类旁通,举一反三,产生新的领悟,生成新疑问以引出本册书学习的内容,春夏秋冬因为节气不同所对应的不同活动的表达,从而促进学生更强大的自主学习动力。

【调整一】

1. Show the picture, and ask "What season is the first season of the year?" (spring)

2. How is spring? (warm and rainy; wet)

3. Say the chant?

4. What can you do in the spring? (plant trees)

5. What season is it now? (summer)

6. How is the summer? (hot, wet)

7. What can you do in summer? (swim, play on the beach, eat ice cream)

8. What season is it now? (autumn)

9. How is the autumn? (cool, dry)

10. What can you do in autumn? (fly a kite, ride a bicycle, eat fruit)

11. What season is it now? (winter)

12. How is the winter? (cold, dry)

---

[1] 案例提供者:闸北区第四中心小学 秦佳颖

13. What can you do in winter? (ski, skate, make snowman)

第一次教学中教师将一个一个问题穿成本堂课的主线,旨在帮助学生复习巩固四季及其气候特点的表达以引出本堂课的重点春夏秋冬因为节气不同所对应的不同活动的表达,但是这样的教学过程过于沉闷,教师问了一个、两个季节,学生都猜到了第三、四个季节的问题,学生学习积极性很低,和教师之前设计的教学目的相差甚远。

【调整二】

PROCEDURES	CONTENTS	METHODS	PURPOSE
Ⅰ. Pre-task	Daily talk say a rhyme: winter, spring, summer, fall	Ask daily questions and say a rhyme about four seasons.	用 rhyme 让学生说一说四个季节。
Ⅱ. While-task	Elicit "spring"	1. Brainstorm. Questions and answers about the weather in	通过视频引入本课主题"春天",并通过头脑风暴复习学过的有关春天的单词。
	A rhyme	2. spring. Spring is green. Spring is warm. My hands, my face. Warm, warm, warm.	用小儿歌练习对"warm"进行操练。
	Things we see in spring	3. Show the pictures of spring Read and fill in the blanks. What do you see in spring? I see _____ I see _____ This is what I see in spring.	通过欣赏春天动物与景色的图片,提问学生能够在春天里面看见什么,朗读诗歌并且编写新的诗歌。
	Things we hear in spring	1. Elicit different sounds. 2. A song: I hear raindrops 3. Review some sound of the animals. 4. Read and make a rhyme: What do you hear in spring?	播放下雨的声音,唱关于下雨的歌曲,听鸟的叫声,复习已学动物的叫声。朗读并编写诗歌。

(续表)

PROCEDURES	CONTENTS	METHODS	PURPOSE
Ⅱ. While-task	Things we do in spring	1. Elicit the special day in spring: Planting Day to teach the new phrase: plant a tree. 2. Q and A to elicit the new phrase: have a picnic. 3. Q and A to elicit the rhyme: What do you do in spring, in spring? 4. Read the whole rhyme	通过植树节新授词组 plant a tree, 将语言学习与文化有机整合。创设语境操练词组, 并通过小诗的形式激活旧知。
Ⅲ. Post-task	A short passage about Gucun Park in spring.	1. A poster: school outgoing to Gucun Park 2. show the pictures and introduce the park 3. Give the students some phrases and help students to complete the short writing.	创设真实的语境, 让学生围绕话题描述春天的顾村公园。

  在这堂课中, 教师注重教学的方式方法, 利用多种手段, 引发学生深入思考, 从而激发他们自主学习的内在动力。如用 Brainstorm 提高学生学习积极性, 引导他们复习巩固之前的旧知; 在教学完儿歌后, 要求学生自己创编符合该季节特点的儿歌, 这一环节能帮助学生能够举一反三, 开拓他们的思维; 最后请学生观看视频回答问题, 播放视频之前教师让学生了解了需要回答的问题是什么, 让他们能带着问题观看短片, 激发了学生的思考, 学生带着问题去这样就能更积极地投入学习。课后的回家作业中, 教师设置了开放性题目, 学生在课后的不断思考中, 有了获取新知识的内在愿望, 更进一步促进了他们内在的自主学习的动力。

  两次教学后教学目标的达成的比较:

  两次教学的最大区别在于: 第一次注重四季的教学, 很多学生只是一味的复现, 学生在课堂上一味的被动接受, 效率较低。而第二次的教学中, 以春天这一季节为主线, 通过春天的气候特点, 春天活动的表达而举一反三, 在给学生一定方法指导的同时, 引出夏、秋、冬三个季节。给学生充分的自主空间, 通过读一读、猜一猜、看一看等多种形式,引导学生学习这三个季节。

【教学反思】

教师在课堂上的教学不应只是简单的知识点的教授、操练,而应是教授一种方法,授人以鱼不如授人以渔。针对牛津教材的特点,一些知识点的复现率较高,这就对教师提出了更高的要求,是反复机械操练,还是运用各种教学方法让学生触类旁通,答案显然是后者。英语课堂除了活泼、生动,更应该形式多变,激发学生深入思考,促进学生自主学习。课堂中一些巧妙的问题设计,能激发学生思考,一些开放式的问题更能激发学生获得知识的内在愿望。

[案例二][1]

"问题"贯穿,激发学生新思考

【案例背景】

迈克尔·桑德尔曾说过一句话:学习的本质,不在于记住哪些知识,而在于它触发学习者的思考。因此教学中作为教师常常会想,怎么让学生在掌握基本知识基础上去学会触类旁通,举一反三?同时又如何进一步激发学生深入地思考,对原有的知识内容有新领悟、新升华,从而产生新疑问,来引领学生产生更强大的自主学习动力。

接下来就以探究性课程四年级下的《我也能当家》中的第二个活动"小商品,大学问"设计案例来加以说明。本次探究活动的目的是:以当家人身份,选择家用面巾纸环节展开教学,通过购买家用面巾纸活动,让学生意识到在实际购物中需要比较商品价格、质量后进行消费,培养学生具有独立购买简单生活用品的能力,初步树立正确的购物观。

【调整一】

作为四年级下的"小商品,大学问"活动内容,翻阅教参后,笔者认为学生应该有一定的生活经验和认识,因此上课时,主要设计了如下的教学片断:

1. 超市里有哪些面巾纸?它们分别有些什么不同?

---

[1] 案例提供者:闸北区第四中心小学　施晴琴

2. 周围大人多是怎么挑选盒式面巾纸的？

3. 你决定购买哪种盒装面巾纸，为什么？（讨论反馈）

4. 活动小结归纳购买技巧。

【存在问题】

整个教学设计环节一环扣一环看上去很有逻辑性，层层引入。但是整个环节小问题不断，大部分学生能积极参与，但部分学生没有反馈或反馈不到位，学生能在教师引导下了解购物基本方法，但离预想的探究活动效果，相差较远，对于激发学生产生新的疑问，产生新的思考更不用说了。

【原因】

针对以上情况，笔者再次细读教材，深入分析目标，发现遇到此类问题的主要原因，可从学生和教师两方面寻找。

从学生角度而言：学生平时娇生惯养，购物等生活经验基本没有，大多是父母包办，就算有时跟着父母去购物，决定权也都在父母身上，根本没有花心思去了解其中的购物窍门和技巧。同时学生的学习观念是为学而学，家长、老师要我学所以我参与。没有为我而学，主动学的想法。

从教师角度而言：没有站在孩子年龄特点的思考角度去看待问题，因此高估了孩子处理问题的能力，设计的问题和环节与学生实际情况有脱节。同时，作为教师设计的提问，没有综合考虑采用能激发学生积极性和主动思维的经典提问，不足以激起学生的共鸣。

因此在此基础上，教师又进一步对这次探究活动设计进行思考。并从课前、课中、课后三个角度同时考虑，激发学生通过购买引发新的思考和认识，让每个孩子通过购买面巾纸这一活动，具备"巧"购物的能力。

【调整一】

关于如何在超市买到价廉物美的面巾纸这个问题，你有什么疑问？（学生凭经验交流）

（一）探究面巾纸"物美"问题

1. 怎么辨别比较面巾纸质量好坏？有哪些方法？学生结合生活实际交流。

2. 给予不同面巾纸。（学生通过摸，撕等方式，感受质量的不同）

3.观看专家建议视频:学生尝试体现面巾纸质量不同(2种),汇报(介绍外包装说明)。

4.小结:通过比较,我们初步了解了纸巾质量的好坏。一般购物事先如果能做个了解或结合以往经验,做到对所购物品的常识做心中有数,购买时加以注意,就能买到质量好的商品。

(二)探究面巾纸"价格"问题

1.老师从超市带来几种品牌面巾纸,他们价格分别怎么样呢?(出示表格:价格品牌)生比较,哪个比较便宜?

前面我们知道价廉就是价格低,那价格越低就划算吗?(学生说想法)

引导学生发现,面巾纸小,抽数少,塑料包装,一组组买,品牌不同和商家促销时等都会影响价格。

2.每组挑选一种感兴趣的纸巾内容,进行比较,完成学习单。学生尝试比较计算,找出这方面最优惠的纸巾。

3.交流反馈,如果我们将大家刚才比较的,再综合考虑的话,你们觉得会怎么选呢。(交流反馈说说怎么选择及理由)

4.小结:在购买时,一般掌握"质量相同,比价格;价格相近,比质量"的方法;我们就能买到价廉物美的面巾纸。

【延伸拓展】

1.通过这次探究学习,对于购物,你还有什么问题想知道的?(学生思考提出问题)

教师:你们真棒,结合自身的学习和认识,有了那么多的新想法、新疑问,老师相信,只要你们保持积极学习的动力,你们一定会收获更多!

2.购物儿歌

老师这里也有一首关于购物的儿歌,让我们一起来看一下。(学生看儿歌)

从上面你还得到了什么购物信息?(反馈)

3.课后探究作业

不仅家庭用面巾纸可以这样巧购,其他物品我们也可以用这些方法进行购买。回家运用这些方法,尝试购买其他类型的日用品。下节课我们一起来交流一下。

【教学反思】

这部分探究活动环节,教师结合教材和学生的实际情况,有的放矢地运用衍生技术,来提升学生自主的产生问题、分析问题和解决问题的能力。具体通过以下几点展开实现:

1. 教学中,引导学生掌握探究、学习的方法和技能,为举一反三打下基础。

学生学习不仅为了掌握相关知识,更重要的是能运用,能举一反三,甚至能用来解决生活实际问题。因此,中国有句古话"授人以鱼不如授人以渔",说的就是传授人以知识,不如传授人学习知识的方法。

"了解辨别优劣面巾纸"是本活动的重点之一,虽然学生时常使用面巾纸,但如何辨别,应该说大多数没有经验,教师考虑这点后,将这部分环节做以下设计。

探究面巾纸"物美"问题

(1) 怎么辨别比较面巾纸质量好坏?有哪些方法?(学生结合生活实际交流)

(2) 辨识不同面巾纸。(引导学生通过摸,撕等方式,感受质量的不同)

(3) 观看专家建议视频,学生尝试汇报面巾纸不同质量的表现。(2种,介绍外包装说明)

(4) 小结:通过比较,我们了解了辨别面巾纸质量好坏的方法。谁能来说一说?

(5) 教师:一般购物事先如果能做个了解或结合以往经验,做到对所购物品的常识做到心中有数,购买时加以注意,就能买到质量好的商品。

在这个环节中,如何了解面巾纸的质量好坏问题,教师分两步走,先请学生自己找找辨别面巾纸好坏的方法,学生能结合平时已有经验和理解能说出几点。其后教师准备不同质量面巾纸让学生亲自感受,并引导学生用不同的方法去感受面巾纸的质量不同,如:眼睛看,用手摸,撕拉,闻味道等来辨别。继后的专家建议视频,更让学生明白了这是种科学、权威的辨别方法。最后的概括小结,加深学生的认识。这样就为学生今后举一反三,加以运用打下基础。

2. 巧妙"提问",引发学生进一步思考,产生新想法。

即教师经过巧妙设计,寻找适合学生的典型问题来激发学生思考,既解决学生一部分疑问,又使学生带着没有解决的问题去更积极地投入学习。

怎么让学生购买到性价比高的面巾纸,需要通过不断思考、层层探究来体现,让其自己发现质量把关和价格选择至关重要。

第一部分质量关,主要让孩子结合自己经验说说,接着亲自体验、操作、比较,得出结论。再次,通过专家建议视频,明白摸、看、闻等方式可以辨别面巾纸的质量,目的让孩子加深印象,为选购价廉物美的产品提供保证。

第二价格问题,即让学生了解要解决问题得对事物各方面进行"比较"。从价格越低就越划算吗?(一般在质量好的状态下,价格越低越划算,即质量相同,比价格。)这个问题引发思考,找出价格低和纸张大小、数量多少的关系,分小组分析、综合得出购买的方法。例如,面巾纸有大小之分,抽数有45,120,150,200等;外包装的方式不同,如塑料纸包装、纸质盒装之分,价格也会不同。因此,价格越低就越划算吗?这个问题引发孩子去发现,事实并不是如此。这个时候,教师要引导孩子去发现这些不同,不能说出的就用图片或实物去发现其中的奥秘。操作中,让学生明白,比较时一般选择一方面进行比较和分析,才是购物需注意的;这部分环节,一个个分析比较拖延时间,老师事先准备好相对应的几种面巾纸,以小组为单位,分别选择一个内容进行比较分析,并思考填写完成相应学习单,说出选择的相应理由进行交流。在交流中让学生明白选择价廉物美的面巾纸的方法,这时候再让学生综合各方面因素加以选择面巾纸,就比较容易概括。

3. 激发问题意识,不断产生新疑问,加大内在主动学习动力。

记得美国教育学家尼尔普斯特曼曾说:"如果学生进入学校时像个问号,而离开学校时像个句号,那就是学校教育最大的悲哀。"由此看出激发学生问题意识的重要性。因此教师就要在平时注意培养学生问题意识,来促进他们不断思考,不断有获取新知识的内在愿望,从而促进其内在的自主学习的原动力。

本活动环节中的延伸拓展部分,设计如下:

(1)通过这次的探究学习,对于购物,你还有什么问题想知道的?(学生思考提出问题)

教师:你们真棒,结合自身的学习和认识,有了那么多的新想法新疑问,老师相信只要你们有那么积极地学习动力,你们一定会收获更多!

(2)购物儿歌,加强认识。

老师这里也有一首关于购物的儿歌,让我们一起来看下。(学生看儿歌)

从上面你还得到了什么购物信息?(反馈)

(3) 课后作业。

不仅家庭用面巾纸可以这样巧购,其他物品我们也可以用这些方法进行购买。回家运用这些方法,尝试购买其他类型的日用品。下节课我们一起来交流一下。

购买价廉物美的面巾纸,里面涉及到价格和纸张质量、数量多少等因素,35分钟的课堂活动,初步让学生对选购技法有所了解,而其他更棒的巧购方法以及真正掌握,还需要在他们的生活实践中加以累积经验,因此教师提出对于购物,你还有什么问题想知道的?这一问题来激发学生的问题意识,学生就此结合自身经验和认知,又提出了很多疑问。

- 购物时还注意什么,可以买到性价比更高的物品?
- 购买前,多了解什么信息可以帮助我们买到更棒的产品?
- 辨别物品质量的好坏还有那些好方法……

学生的这些新疑问,由教师创设,最大程度激发了其深一层的思考,当然这个提问习惯需要多次训练培养,才能让学生成为一种自主的学习习惯。而"回家运用课堂学到的选购面巾纸方法,尝试购买其他类型的日用品"这一课后精心设计的任务要求,将课堂上不能解决的问题,放到课后让学生实践感受,能更好地帮助她们累积购物经验,促进学生持续性学习。而这样的拓展活动,实施难度不高,同时也是学生喜欢的一种探究作业方式,能激发他们内在参与兴趣,最终提升学生自我内在的学习动力。

[案例三][1]

活学的力量

【案例背景】

英语的学习不仅是语言的学习,还是技能的学习。学习英语的最终目的是在实际生活中运用,能为生活中与人的沟通、交流提供便利。因此,在课堂上,教师所

---

[1] 案例提供者:闸北区第四中心小学 何颖婧

教授的不是"死"的英语,而应是"活"的英语。

【调整一】

小学牛津英语(上海)五年级第一学期第三模块第一单元围绕着问路而展开。在 Say and act 板块中,学生所要达到的技能是能看着地图运用这一单元所学的知识描述行进的路线。在第一次执教时,笔者设计了如下的教学环节。

1. 带着问题欣赏课文动画。

(问题1:What animals do they want to see? 问题2:How do they get to the animals?)

2. 分三段学习动画中三个小朋友去看三个动物的路线。

3. 三人为一组,模仿课文编对话。

这堂课的教学效果并不理想。由于在此地图中的出发点不在地图的下方,而是在地图的左边,因此,学生们在根据地图说路线时,左右不分。最后一环节小组编对话也就完成得不够理想。

分析原因如下:

1. 学生对于看懂起点在左边或右边的地图有一定的困难。起点在下方的地图之所以容易看懂,是因为与学生的方向性一致。

2. 有关问路的知识属新学的知识,虽然有了之前一课时的学习,但是想要学生真正掌握还是需要通过大量的练习来完成。

3. 教师在帮助学生掌握方法上,所做的努力还不够,以至于当要学生进行反馈时,学生很茫然。

因此,针对在教学中存在的这些情况,教师重新研读教材,抓住这一单元的重点,吃透各个板块的难点,重新设计教学环节,落实教学中的重、难点。

【调整二】

以帮助学生掌握方法为宗旨,重新设计教案。

1. 出示一张以学校为中心的地图,标有学校周围的场所名,如:银行、医院、地铁站等。给老师指出从学校出发分别去医院和地铁站的路线。

2. 引出课文。带着"What animals do they want to see?"这个问题欣赏课文动画。

3. 通过听路线的录音判断哪个路线图正确。

4. 学习课文，试着借助板书表演课文。

5. 三人一小组，模仿课文编对话。

【教学反思】

1. 根据学生的学情，重新制定教学目标。

在充分研读教材的基础上，客观地分析学生的学习情况，通过第一课时的学习学生所掌握的新知的情况，制定恰当的教学目标，使得整堂课的教学有成效。

2. 为学生掌握方法，合理设计教学环节。

在第一次执教时，没有在如何帮助学生掌握通过地图所指路线的方法上做过多的努力，以至于学生没有学习到新的知识与内容，所以在最后反馈阶段效果非常不理想。

但是在第二次执教时，把教学的重难点放在如何帮助学生看地图说对路线上，教学效果有了明显的改观。

1. 出示一张以学校为中心的地图，标有学校周围的场所名，如，银行、医院、地铁站等。给老师指出从学校出发分别去医院和地铁站的路线。

在这一环节，教师带领学生复习了第一课时学习的 walk along, cross, turn right/left 帮助学生回忆。在请学生给老师指路这一环节里，由于是学生熟悉的环境，所以，学生表达是没有障碍，能凭借着自己的生活经验用英语准确的说出路线图，为之后的环节做准备。

3. 通过听路线的录音判断哪个路线图正确。

通过听一听，看一看，想一想，选一选的形式，帮助学生理解当起点在地图的左边时，如何表述路线。由于上面的环节，到这一环节时学生没有感到困难，反倒是学会表述的方法。待到最后请学生以小组为单位编对话时，学生已掌握的方法，扫清了障碍，编写出一小段对话就水到渠成了。

本章参考文献

1. 《小学新课程实施中衍生的问题及分析》，顾长明，2009 年 08 期

2. 《为培养学生触类旁通而教》，潘守理，《物理教学》2008 年 04 期

3.《结合教学实际,说说引导学生进行自主学习和独立思考需要注意哪些问题?》,王念强,2013 年 10 月 8 日

4.《遵循认知规律 提出有效问题——数学课堂提问有效性的探索》,杨杰,《新课程(教研)》2010 年 11 期

5.《从认知层次到教学提问的开展——基于教育目标分类的视角》,顾松明,2012 年 7 月 30 日

学科育人之实现
——技术6:价值生成

根据释放学科育人价值的要求,对文本进行细读、挖掘、辨析、澄清等,引导学生体悟,使得新的文本能同时促进学生的知识学习、能力学习、方法学习和情感养成。

在教学过程中,任何一个文本都存在三维目标,但因为文本的呈现空间有限,更多呈现的是知识与技能的目标,而对育人目标阐述不够。因此,对没有充分释放教育价值,只是引导学生获得某方面知识技能的文本,要进行充分细读,充分挖掘、辨析、感悟,进行文本重构,使得新的文本能完整统一,同时承载知识学习、能力学习、方法学习和情感学习的价值,我们把这种重构技术称为价值生成技术。

对学生在学习中的多元理解和体验的评价,要根据课程标准的精神,正确把握文本的价值取向,着眼于学生的发展,有利于培养学生的品德修养和审美情趣,有利于促进学生良好个性和健全人格的形式。本章节将着重阐述基于文本理解基础上的价值生成技术的若干操作方法。

价 值 与 意 义

小学课程标准提出的三维是"知识和技能""过程和方法""情感态度和价值观"。知识和技能,过程和方法,情感、态度和价值观,三者有各自的内涵和特性,它们密切相关,又相辅相成,统一为提高学生的综合素质服务。而价值生成技术使得重构后的文本能同时承载知识学习、能力学习、方法学习和情感学习的价值,提高教学的有效性。

一、有效解决三维目标达成度

知识是人对客观事物认识和经验的总和;技能是掌握和运用某种专门技术的才能,它是由知识经过实践和训练转化而成的。它们的共同特点是外显,是看得见、摸得着的,我们常说"这个人知识丰富,懂得多!""这个人本事大!",都是"这个人"知识和技能外显的结果。

过程和方法,实质就是能力和智力。因为过去比较重视结果而忽视过程,比较重视思维的求同性、统一性而忽视思维的多元性、灵活性,所以要突出"过程"和"方法",以适应现代社会的需要。

情感是人对外界刺激肯定或否定的内心体验和心理反应,表现出来的喜怒哀乐就是态度,价值观是对人和事物积极作用的评价和取舍的观念。它们是人的素质中的非智能因素。

《基础教育课程改革纲要》对三维目标的整合提出了明确的要求："改变课程过于注重知识传授的倾向,强调形成积极主动的学习态度,使学生获得基础知识与基本技能的同时,成为学生的学习和形成正确价值观的过程。"由此可见,"三维目标"是对人的综合素质的一种分解、一种诠释。从理论上说,它属于教育目标分类学的范畴。教育目标分类学是把各门学科的教育(教学)目标按统一标准分类使之规范化、系列化的理论,旨在为目标和评价的科学设计提供技术性指导。

每一门学科教学目标的设定都围绕三维目标,而价值生成技术适用于各个学科,帮助教师和学生深层挖掘和探究文本的教育教学价值,有效解决课堂教学中三维目标达成度单一的问题,可以使文本同时承载知识学习、能力学习、方法学习和情感学习的价值。

二、引领学生"从解读中学习"

教师在备课阶段进行的文本解读,具有独特的价值取向,必须考虑教学的各种因素,是基于教学、为了教学、服务于教学、有利于教学的解读,是以"为了教学"为基本目的的教学解读。教学过程,就是快乐体验、互动生成、价值内化的过程。价值生成技术就是教师引领学生能用自己的眼光和理解方式独立地观察和客观认识事物,并从中体验快乐,分享快乐。

1. 注重体验

教学不是简单的给予,而是学生主动积极地重新组合、发现知识,将知识意义建构、价值内化,进而认识事物、寻找规律、体验快乐;而教学过程不仅是交往过程、体验过程和建构过程,也不仅是知识传递,更是意义建构、价值内化、快乐体验的过程。

交往,就是快乐;交往,就是体验;交往,就是内化。交往意味着人人参与,意味着平等对话,意味着合作性的意义建构,它不仅是一种认识活动过程,更是一种人与人之间平等的精神交流。交往还意味着教师角色定位的转换,由传统的知识传授者发展到学生发展的促进者。我们的"教",就是不断地鼓励学生去再现人类认知过程和推动再创造的过程,就是不断推动学生自我发展的过程,就是学生不断创造快乐的过程。我们在设计和实施教学的过程中,注意养成学生优秀的思考方式和学习习惯是责无旁贷的。

2. 互动生成

教学过程要以爱护学生的表现欲、合作意识、价值内化为出发点,要鼓励学生参与,让学生把学习当作一种享受;用鼓励和肯定去激荡学生心中潮涌般的求知欲,去种植学生心灵的自信和好胜心,去唤醒学生心中萌动的成功感。让学生对问题的征服感和自我展示的上进心为教学的开始,让接受和背记为对知识的亲身实践和体验,变"一言堂"为"多言堂",让学生自己去唱主角,变被动为主动的学习,把课堂当成快乐的天堂。

3. 价值内化

知识不是简单的传授,知识是通过学生自身包括个体和群体已有的经验、方式和信念,在作为认识主体的学生与认识客体的知识之间的互动中,以主动积极的建构方式获得的,是能力增长的催化剂。学生接受新信息的过程,不仅仅是建立在简单的复述、记忆基础上的实际过程,而且是一种主动的理解、吸纳与变化的过程。这种接受过程,可以认为是一种心理上的快乐探究、碰撞与融合的过程,意义建构的过程。课堂,要让学生身心愉悦,这样,学生的思维才活跃,才能够畅所欲言,才能够愉快地参与知识的活动、能力的养成。学生是课堂的主人,是自我探究、合作、互助、成功的主人,让学生对外部信息进行主动地选择、加工和处理,主动地意义建构、价值内化。

三、改变教与学的关系

教师在教学中采用价值生成技术,就必须改变以往教学中单一的教师教、学生学的教学模式,而是考虑学生的年龄实际、生活经验,以及学生能理解与接受的教学方法。通过再构文本,创设情境,实现文本育德价值的生成,以及孩子情感体验的价值生成,教师与学生在教学活动中共同讨论,共同探讨,促使学生在学习中不断获得成功感,快乐感,实现有情有义的教学,学生学习与生活经历发生摩擦共鸣,实现学习内部迁移和情感的迁移。

操 作 与 设 计

很多教师在备课中都有这样的困惑:教学的三维目标怎样制定?怎样挖掘文本的价值?学生体会不到作者的情感,理解不了文本的内涵。教师要创造性地理解和使用教材,就要实现对教材文本价值的多元化挖掘和个性化使用。注重教材文本价值多元化开掘,追求教材文本价值最大化,并从"我"和"我的学生"的角度,实现对教材文本价值的个性化使用。因此,教师要根据学生的实际情况,对教材应进行文本细读,使用价值生成这一策略来进行文本重构。

一、转向"学本"视角,彰显文本价值

在教学设计中,从文本视角转向学本视角,更加关注学生的学情和生命成长规律,但并非是对教师的价值和作用的否定,更不是对文本自身所具有的价值进行否定。反之,我们坚持学本视角进行教学设计,倡导教师以"学本"为眼,从学生视角,深度挖掘文本价值,教会学生如何挖掘文本的原生价值,从而在"教"与"学"的活动中,培养学生挖掘文本价值的意识和能力,促进学生"知""情""意"等素养的提升。

1. 兴趣着眼,引领学生抓住文本关键

在教学中,教师讲解知识力求面面俱到,生怕少讲、忘讲,导致课堂教学时间紧,任务重,使得学生丧失学习兴趣,教学效率也十分低下。同时,面面俱到的教学设计也往往导致教学内容的肤浅,教师抓不住教学的重点,更无法深刻地让学生理解和把握文本的自身价值。因此,坚持学本视角,不仅要力改教师以往存在的种种不足,而且要求教师学会放手,教学生学会从文本的整体着眼,抓住文本的关键点,深刻地理解文本的价值。

以小学一年级语文教材中《花钟》一课为例,教师通过创设一个故事情境让学生进行说话训练,充分激发了学生的兴趣。编故事仅仅就是仿照课文内容进行练习说话,没有教会学生学会运用语言的能力。低年级学生说话训练还是以句为主,学生只是简单的复述课文内容,并没有起到思维的训练作用和口头表达能力的提高。复述整篇课文,对一年级学生来说,也在无形中拔高了教学要求。

运用价值生成技术经过修改,教师把说话训练改为一句话的句式训练,"什么

时候,谁提醒我们干什么?"这句句式也是贯穿全文的学习重点,教师从文本的整体着眼,抓关键句式,在学习的基础上提供给学生运用的机会。通过学生的反馈,可以看出学生是真正掌握了句式的用法,学会了用一句话把话说完整。同时,学生也知道了作为一名小学生要有时间观念,知道什么时候该做什么,做个守时的好孩子。学生在学习中既掌握了知识,又能在课堂上获得情感的提升。

2. 氛围营造,促进学生体悟内蕴情感

人的情感总是在一定的氛围,一定的场合下产生的。布卢姆在提出其学校学习模式时认为,在整个教学过程中都有情感因素伴随着认知因素而出现,并且在教学中,情感不只是作为手段来促进认知教学,而且还作为目标来促进整个教学活动。因此,在学生正要接触作品时,有经验的教师善于创设情感氛围,善于带领学生置身于与教学内容相应的情境之中,使学生进入"共振"的境界。

在四年级《大数的读写》一课的新授部分,一位数学教师重构文本,利用价值生成技术进行了这样的教学设计:刚才我们在计算黄山旅游总人数和总收入时,又对大数的凑整方法进行了复习,说明黄山的旅游业正在不断发展。下面我们再来看看黄山最有名的一个景点:迎客松高 13 米,胸径 0.7 米,树龄至少已有 800 年。顶冠平铺,满身葱绿,青翠欲滴。树干 3 米处横生一长枝,似向过往游人招手致意,雍容大度,姿态优美,是黄山的标志性景观。

教师出示练习题时,曾有这样一段描述:在北京人民大会堂安徽厅里,有黄山迎客松的巨型铁画,党和国家领导人多次在铁画前与外国客人合影留念,黄山迎客松不仅是黄山的象征,也成了中国人民热情好客的象征。1994 年人民大会堂东大厅也悬挂了国画《迎客松》。

上述案例中,充分利用教材中创设的生活情境,补充了大量有关黄山景点的信息。在了解黄山的相关知识时,复习了大数的读写。同时在知识的学习中,又挖掘潜在的育德因素,把育德要求贯穿于对知识的分析中,成功地释放了文本内涵的育德价值。寓教于乐,了解黄山的各大景点和祖国的大好河山,让学生们感受到祖国的壮观美丽、多姿多彩,从而对祖国更加热爱。

3. 以读导情,感悟文本价值的提升

有表情的朗读是学生感知教材的主要方式和获得作品情感的基本途径。它把无声的视觉文字化为有声的听觉语言，使作品中的人物、情境跃然纸上。学生通过有表情的朗读，细细体会语言的韵味，可以进入作品的氛围之中，亲切地感受作者的情感，身心受到陶冶，达到"情自心中来，情自口中出"的境地，从而使语言训练和情感熏陶熔为一炉。

以小学四年级语文教材中《林肯》一课为例，教师设计了以读导情，以议悟情，以情激情的教学方法，让读书贯穿教学活动的始终，并根据不同的训练目的，设计了自由读、品读、指名读、引读、齐读等多种形式的读，使学生在读中感受，读中理解，最终达到感情朗读，使情感升华。

在教学中，教师抓住林肯说的这句反问句："可是，10月18日应是上弦月，11点时月亮已经落下去了，哪里还有什么月光？"来指导朗读，这句话是重点句子，说明林肯已经以事实揭穿了证人的谎言，在读中要体会林肯坚决有力的语气。最后理解完整段辩词后，再让学生想象自己就是小林肯如何为被告做最后的陈述。在读的过程中，引导学生展开与文本的对话，与作者对话，与编者对话，在读中感知文本内容，感知文本的主题。

字词理解，文意把握，要点概括，内容探究，作品感受都必须通过精读来完成。教学中，教师通过让学生看图片了解"上弦月"这个天文学知识、引读辩词，帮助学生理解福尔逊的证词无法成立的原因。这个既是教学的重点也是难点，但有了前面联系上下文理解反问句的基础，再通过看图，教师引读，绝大部分学生能比较准确的理解这个难点。学生不仅学习能力得到了提高，更在复述的基础上，从文字中体会到了林肯的性格特点，聪明机智、善变的特点，这也就是文本中语言内涵、美学内涵和思想内涵。

二、凸显情感目标，优化文本价值

一个教师不能无视学生的情感生活，因为那是学生主动热情和创造力的源泉，语文教材是通过精挑细选的佳篇美文，文章中所反映的真善美丑，对学生思想感情的陶冶，道德品质培养以及是非的辨别有着积极重要的作用。

1. 文本与学生学力融合

我们应根据学生的实际情况来设定恰当的情感教学目标，然后整合新旧知识，调整单元内容,拓展语言知识,进行文本再构。在小学四年级第一学期的劳技学科中,要求教师指导学生围绕纸质材料和加工这些材料的基本工具展开教学活动,使学生在对纸材料进行加工的过程中积累对各种纸质材料的感性认识,提高探究各种纸质材料的特点和用途的兴趣,在加工操作的体验中,感受工具的延伸能力,同时增强安全规范操作意义的认识。教师注重培养学生动手、探究的能力,重构文本两次。两次目标制定的区别,主要在技能掌握的要求不同,前者是教师根据教材编排顺序,根据教学内容、教师自己的理解而制定的教学目标,教师只是根据教学内容的重点及自己的理解来设计教学目标,制定中忽视了学生的实际已掌握的技能;后者是在了解学生的技能起点和各学科运用技能的情况后,根据学生学习需求,以及不同的侧重点而制定的教学目标,以"学生"为主体,对学生操作中可能会遇到的问题,提出新的要求,帮助学生掌握各种简单工具对卡纸的加工操作。

通过教学设计的文本重构,我们将两次教学情况作了一个比较,发现第一教学中,有一半的学生所剪切的边缘部分有留白、粗糙、缺少、不整齐等现象,而立体剪影的作品,有约40%的学生刀刻的边缘粗糙或未完全刻断,有粘连现象。文本重构后的教学中,发现90%以上的学生都能按照剪切线进行裁剪,且表面光滑,留白、粗糙、不整齐的现象明显减少。这是因为在教学中,教师不仅让学生通过实践研究掌握各种工具的用途,而且在使用的过程中让学生区别不同纸质的特点,从而掌握剪切工具的特性,使作品能完成得较好。教师应根据学科的特点和学生年龄的特征和学情,采用灵活多样的教学手段和教学方法,给予学生动手操作和探究的机会,这有利于引起学生学习的动机,激发他们的学习兴趣,从而调动全体学生的学习热情和获得成功的情感体验。

2. 文本与生活经历摩擦

文本与学生的学习、生活的经历会发生摩擦,自然形成内部知识、技能、情感迁移。就拿刚才二年级英语课为例,过马路是学生经历过的事情,他们对此有着较丰富的生活体验。在迎世博的活动中,学生们积极参与"找陋习""找美好"的活动,从中他们发现了生活中的不文明现象——不遵守交通规则乱穿马路,同时他们也亲身感受到这样的不文明现象正逐渐消失,取而代之的是"红灯停,绿灯行"的文明风景线。年幼的学生只知道应该遵守交通规则这一表面行为,不清楚不明白这一行为的真正目的。因此,课堂教学时,在世博会这样一个举世瞩目的盛事背景下,挖掘出"文明行路"所蕴藏着的深层情感价值,融入了更多的情感体验与德育内涵,学生的情感价值得到提升,原本枯燥的课堂也充满了生机,切实有效地完成了知识目标、技能目标和情感目标。

3. 文本与实践体验联系

在学习方式上,体现自主探究、自主建构与积极引导的有机结合,教学中教师通过设置一些能够激发儿童探究的话题,在超市中顾客的不文明行为等,为学生留下了较大的空间,并设计在生活中模拟购物的场景,让他们去调查和研究。学习过程主要是讨论、分析、交流、表达和合作的过程。这过程促使学生主动地感受、体验和领悟,促使他们与人、与社会、与环境产生互动,形成对道德观念的认识、理解和内化。

《购物讲文明》是三年级品德与社会第一学期的课文,教师发现到超市自选购物已成为不少市民的消费习惯,但超市不文明购物现象屡见不鲜,所以锁定以超市不文明现象为本课主要情境。并且,书上图片所描绘的寥寥几个不文明的场景,也已有些过时,不能让学生切身地感受这些不文明现象对其他消费者带来的严重影响和激发学生学做文明消费者的决心。因此,教师重构文本,通过观看视频,了解这样的不文明行为会损害顾客的利益、破坏购物环境、存在安全隐患、损害商家利益、增加工作人员的工作量,引发学生思考、讨论,从而回归生活,情境辨析,懂得挑选物品时要轻拿轻放,一旦发生意外打碎物品,也要勇于承担,为自己的行为负责也是一种文明的购物行为,实现了情感的迁移。

在本案例中,教师以学生的生活为基础,以学生能看到的、听到的、感受到的内容为载体展开活动,让学生在活动中领悟应该做一个文明顾客,促使学生良好品德形成和社会性发展,体现了品德与社会学科作为一门综合课程的价值追求。

三、利用教学资源,提升文本价值

教师要有强烈的资源意识,去努力开发,并积极利用课程资源。课堂教学演绎和精彩呈现,"资源"可以帮上大忙。演绎得是否精彩、呈现得是否顺利,从某种程度上讲,取决于资源的开发和利用是否恰当、是否顺利。资源只有进入课堂,才能让文本发挥更大的价值。

1. 适度挖掘文本空白资源，引导学生想象

教学中的补白可以把课文没有直接表达出来的、与领会文本价值有关的内容进行充实，使学生更好地体会文章的主旨。

教师要善于发现作者有意无意地留给读者可以驰骋想象的地方，引导学生进行适时补白。每一篇课文的省略号常常是文本空白资源的"富矿区"。省略号通常表示文中省略的部分或话语中没有说完全的部分。如果说许多文章的空白处没有明显的提示，让我们觉得很难把握的话，那么以省略号为标志的省略处就是明确地向读者昭示：这里有话，只是未讲。面对这种补白，教师要及时利用，让学生联系已有的知识，进行语言拓展。

小学语文二年级课文《水上飞机》中有这样一段："我还有很多兄弟，有的可以给航行中的船只输送物资；有的能从海中汲水，去扑灭森林的大火；还有的可以随时从海上起飞，去参加战斗……"这时，教师可问学生："水上飞机就这几个兄弟吗？你从哪儿知道的？"学生很快就找到省略号。继而，教师引导学生想象："展开你的想象，除了文中已经介绍过的之外，水上飞机还可能有哪些兄弟？他们分别还有哪些特殊的本领？你能用这样的句式说一说吗？"学生立刻展开讨论。有的说："有的能清除海面上的垃圾。"有的说："有的能在海面上巡逻，一发现敌情就立即报警，不让敌人来侵略我国的领域。"有的说："还有的能给迷路的船只指明方向，救援遇难的船只。"教师趁机总结："一个小小的省略号，省略了那么多。学习文章就要学会自己去品，通过自己的感悟，文章就丰富了。"

2. 挖掘文本插图资源，加深内涵理解

课本的插图是对文本的一种补充。这些插图形式不同、风格各异，具有很高的审美价值，是帮助教师和学生理解课文内容的重要材料。

小学语文一年级课文《王冕学画》中有这样一段话："大雨过后，一片阳光照得满湖通红。湖里有十来枝亭亭玉立的荷花，花苞上清水滴滴，荷叶上晶莹的水珠滚来滚去。王冕看得出神，心里想，要是能把它画下来，那多好哇！"对于从远到近景色的变化，孩子靠想象是难以理解的。对照书上的插图，通过观察，孩子们一下就能顿悟了。古诗《所见》配了一幅非常精美的插图：一个骑在牛背上的牧童，一棵随

风飘动的垂柳,一只紧紧抓着垂柳鸣叫的蝉。在教学这首古诗之前,要让孩子们好好地观察这幅插图,并用自己的话说出图上的内容。这样,学生自然就能明白这首古诗的意境和内容了。

重新审视我们的阅读教学,其实教学资源就在教师与学生的身边。只要有一双善于发现的眼睛,就能根据文章的内容去挖掘作品的丰富资源。这样,就能有效提升文本的价值,我们的阅读教学就会变得更充盈、更动人。

3. 加强文本赏读,释放文本情感

要使学生在学习中如沐春风,身临其境,教师就应将精力集中在"情感"上,"发掘"出作品的内蕴。做到这一点就需要教师课前广采博览,深刻透彻地了解作者的人生经历、思想历程、写作背景,这样才能进入角色,深入剖析作品,把作者创作时的全部激情重新释放出来。这样,才能使学生从一字一词、一句一段中受到感染熏陶,与作品中的人物一起分担喜怒哀乐。反之,就达不到这样的效果。

比如,《母亲的谎言》是小学语文五年级的一篇课文,文中写母亲参加了儿子从小到大的三次家长会,并对儿子说了三次善意的谎言,让儿子看到了自己的进步;从文中我们可以感受到母亲在教育儿子时的良苦用心,她从未对儿子失望过,而是给了儿子更多的信心,对儿子始终抱有希望,正是这包含着对儿子期望的谎言,才让儿子最终获得了成功。让学生在朗读课文中体会母亲在参加家长会时的心情、听到老师对儿子评价时的心情,让学生联系儿子的反应体会母亲说谎的用意,从而感悟谎言中深藏着的母爱。最后让学生再反复朗读结尾的那句话,感受当时的情景,让学生说说妈妈为什么要哭?妈妈"悲喜交集"些什么?使得感情升华。如果教师只教其"文",未教其"义",更没有情的输入,如此就不必说以情动人了。

4. 合理选用课外资源,扩大文本外延

教材中一篇篇文质兼美的课文,都具有广阔的延伸性。教师可积极引导学生通过多渠道开发,挖掘丰富的教学资源,更好地为课内教学服务。通过科学合理地把握课内、课外资源的"度",更好地利用网络资源,指导学生有选择地开发文本资源。

布置语文作业时,教师常常会让学生查找一些与课文相关的资料。而面对铺天盖地的网络资源,学生往往不知如何选择资源,常常泛用、滥用资源,造成文本的淡化。如何让学生选择恰当的课程资源，更好地为课堂所用，这就要求我们教师在课前做一些正确的引导。

如在教学小学三年级语文《海底世界》一课时，教师建议学生上网收集海底的有关信息进行研究性阅读。课前，教会学生简单的网上搜索方法，到相关网站上选择自己所需的内容。通过上网，学生查找各种资料，获得各种有关海底的知识，如海底的矿产，海底的生物，海底的声音，海底的景色……经过一个多星期的研究性学习，许多学生得到了让教师吃惊的研究成果：有的小组发现美丽的海底世界正在被破坏，人类必须马上保护这个宝库；还有的小组提出了开发海底资源的奇思妙想。

调整与说明

文本作为信息交流的载体，或传达一种事实的信息，或传达一种思想情感的信息，即文本的"原生价值"。文本进入教材之后，在"原生价值"的基础上，又产生出了"教学价值"。这种"教学价值"就是"如何传播信息的信息"，即"言语智慧"。就是说，课堂教学不能只是满足于对文本内容的理解和掌握。

无论是文本价值的挖掘还是三维教学目标的设定，一切都要从学生实际出发，一切都必须从学生的认知水平和学生的理解能力出发。在教学过程中，采用适合学生的兴趣，适合学生的学习能力，激发学生兴趣和探究的好奇心为前提的教学方式，有效达到教学目标。

一、把握文本价值观需要确立"儿童为本"

文本重构首先要关注以下三方面的价值取向：一是作者的价值取向。对于作者的价值取向，既有认同、接受、赞赏的一面，也不可避免地会发生异义和碰撞。但异议和碰撞并不是否定作者价值取向的理由。二是作品的价值取向，所谓"作品"也就是作者已写成，但未经读者阅读理解的文稿。虽说在作品中作者会不可避免地按照自己的价值取向来创作，但事实上一篇好文章的意蕴，往往会超越作者的本意，产生远比作者更为丰富的价值取向。我们大可不必拘泥于作者的价值取向而不敢越雷池一步。三是编者的价值取向，无论哪一套教材，都凝聚着编者的心血，折射出编者的理念和意图,编者不但科学地规定了教学的内容和程序,还合理地规范着教与学的方法。教师在引领学生解读文本的同时,要理解编者意图,正确把握文本的价值取向,实现多元解读。

作者的价值取向、作品的价值取向、编者的价值取向不是简单的对立,而是高度的统一,要统一到学生为本的旗帜下,以"学生成长需要"作为衡量的重要标准。

孩子在成长过程中接受教化是必然,也是自然的事,不接受教化是不可想象的,不接受教化的孩子不可能成长为一个现代人。用主流社会与人类倡导的价值观去影响儿童,去塑造儿童,就是实现对儿童的教化,把作为自然人的儿童逐渐转变成未来的社会人。语文课的教化功能,集中表现为文本作者和教材编者的价值取向对儿童的积极影响。对于文本作者和教材编者的价值取向,要坚定不移地带领学生去理解体悟。

然而,被选为课文的作品,它不仅具有作品的价值取向,还带上了教学的价值取向、育人的价值取向,其功能不仅在于获取认知,更在于促进人的生命的整体发展。这就不能使学生仅仅局限于对文本作者的价值取向的认识。教材应为学生的发展服务而不应奉为"圣经",学生不仅可以接受、赏析,也可以质疑、批判。从这个意义上讲,有点缺陷的真实远比强行统一的完美更有价值。在课堂阅读过程中,应当宽容学生的心灵感悟与自由表述,即使出错,也是可供师生平等对话加以价值导引的可贵教学资源。

教师对教材文本的解读同一般读者的文本阅读是不尽相同的,教师阅读则更讲究准确与深入,但同时又是一种"为他"式解读,一切皆是为着更好地扶助儿童,所以我们还要斟酌,作者所寓是否适于向孩子揭示,应该领着孩子求解到何种程度?如果让孩子们来读这个文本,他们会怎样解读?他们有哪些不懂的地方?他们会提出什么问题?他们会误读吗?……

所以,教师解读作品必须从"我是教师"转向"我是学生",以学生的耳朵去听,以学生的眼睛去看,以学生的心灵去体会,而不能仅从成人的视角去解读教材。

站在学生的视角,教师要尊重学生的阅读心理。用学生的眼睛看世界,无论是花草树木,还是飞禽走兽,都禀赋着人的灵性,与人一样具有思想、情感和语言。学生是以一种完全"信以为真"的阅读期待和接受心理进入文学作品的,并进而与作品中的人物融为一体,歌哭嬉笑,而成人是在明知是假的阅读状态下进入文学作品的。例如,在阅读《狐狸和乌鸦》的过程中,学生认为狐狸是聪明的,乌鸦很愚蠢,爱听奉承话,才会失去食物。

站在学生的视角,教师要关注学生的生活阅历,而不能仅基于成人的生活阅历解读教材。例如,《我给奶奶送阳光》有这样一段描述:奶奶看着鹿儿的表情,高兴极了,安慰她说:"我的好宝宝,不要担心,阳光都跑到你心里去了。"那时候,鹿儿发现阳光不见了,鹿儿伤心极了,难过得快哭了。教师认为奶奶的高兴是因为鹿儿有着关心长辈的美好心灵,可是孩子们却认为奶奶知道鹿儿的心思,正在安慰她呢,鹿儿就是奶奶的小太阳啊!

当我们更多地从学生的视角解读作品,我们的教学设计就能使学生与文本的对话真实而深入,否则生本对话将变得肤浅,甚至虚假。

二、把握文本价值观需要关注"三个衍生要素"

"教学价值"在"原生价值"的基础上衍生出来,这取决于几个相关的要素。

1. 教材编写的规定性

对教师来说,毫无疑问,要执行"课标"对教材处理的相关规定。如编者将这样的一篇课文编写在这个单元的第一篇(另两篇为《黄果树瀑布》《黄山怪石》)。显然,编者通过这样的"介绍风景名胜"版块,不仅仅是让学生了解祖国的灿烂文化、风景名胜,还有让学生学习和掌握介绍风景名胜类文章的语言、结构方法,从中领悟表达方法,促进学生读写能力提高的意图。

2. 具体的学情

学生是学习的主体,也是教学内容的生成主体。李海林认为:"在语文教学中,学生既是教材内容的学习者,又是教材内容的生成者,而且只有成为教材内容的生成主体才能成为教材内容的学习主体。"五年级的学生有了一些生活经验,也具备一定的阅读能力,初步学习审视、分析文章的结构和表达方式,对语言文字有一定的感受和评价能力。

3. 文本独有的文化品位

《莫高窟》的文化品位(或文化内涵、文化使命)又是什么呢?让学生从语言文字中感受祖国灿烂的文化,激发学生民族自豪感和课外阅读、探究的兴趣。文章精炼的语言特点和清晰的结构层次方法,具有典型意义的言语范式,本身对学生的语文学习就是一种召唤和引领。

另外,还需要教师本身的教学素养,如学科的专业素养、实践经验、情感特点、价值取向、审美情趣、心理品质等。当然,学科专业素养中最重要的还是教师的课程意识。好的语文老师,总是试图"教语文",而不是仅仅立足"教课文"。这样的语文老师,教学着眼点始终在学生的发展这个宏大的目标追求上,课堂总是有"教育意味""学生成长、发展"的大气象。

案 例 举 隅

以上我们通过几个案例片段,呈现了价值生成技术的操作与调整的过程。我们通过以下三个完整的案例,以期能够全面呈现价值生成技术。

[案例一][1]

2BM3U2 Rules

【案例背景】

有些文本的教育价值没有充分释放,只是引导学生获得某方面知识,而经过重构之后,可以使文本同时承载知识学习、能力学习、方法学习和情感学习的价值,这就是价值生成技术。这种技术适用于各个学科,突显文本育德价值。

【调整一】

《英语(牛津上海版)》2BM3U2 Rules 这一单元学习的内容为过马路的交通规则。整个单元的重点句型是:Look at... It's... Let's... 重点词汇为:stop、go 和 wait。

Look and say 这一部分通过情景学习在马路上识别交通信号灯的颜色做出正确的动作。教材所提供的文本如下:

Father:Look at the light.

---

[1] 案例提供者:闸北区第四中心小学　何颖婧

Boy: It's red. Let's stop.

Father: Look at the light.

Boy: It's green. Let's go.

对于这样一个主题,教师设定了做一个遵守交通规则的小公民的话题,希望在课堂上融入更多的情感体验,挖掘教学内容的德育内涵。考虑到二年级学生知识量有限,认知水平有限的客观情况,在再构文本时选择了儿歌这一学生喜闻乐见的形式呈现。第一次的文本再构如下:

One, two, three,

The light is red.

Stop! Stop! Stop!

Four, five, six,

The light is yellow.

Wait! Wait! Wait!

Seven, eight, nine,

The light is green.

Go! Go! Go!

Ten.

We are good.

朗朗上口的儿歌学生很容易掌握。再构的文本中融入了本单元的重点词汇:stop、wait和go。正好为学生提供了一个复习巩固的机会。但是第一次的教学缺少更多情感的依托,德育内涵也没有充分地挖掘,未能达到预期的教学效果。

【调整二】

在课的一开始播放了一段2010年上海世博会的宣传片《上海协奏曲》,将学生带入特定的语境中,随后引导学生进入"我为世博出份力,争做文明小使者"的情感中,带着这样的情感来学习过马路时的交通规则。第二次的再构文本如下:

One, two, three,

Look at the light.

It's red. Let's stop.

Stop! Stop! Stop!

Four, five, six,

Look at the light.

It's yellow. Let's wait.

Wait! Wait! Wait!

Seven, eight, nine,

Look at the light.

It's green. Let's go.

Go! Go! Go!

Ten.

We are good.

Obey the traffic rules.

Service for the EXPO.

第二次的再构文本除了有本课时的知识目标,还有情感价值的目标:Obey the traffic rules. Service for the EXPO.这样文本的情感价值得到挖掘,学生的情感价值得到提升。

【教学反思】

一、释放文本内涵育德价值

对于二年级的学生来说,在生活中他们已经知道了"红灯停,绿灯行"这样一个常规知识,如果在课堂上单单教他们用英语说这么几句话,一方面枯燥的学习无法激起学生学习英语的兴趣,不能有效完成教学任务,另一方面一堂课后,学生除了学习到几句简单的英语句子之外,没有获得任何的情感体验。因此想到通过适当的文本再构,释放文本的内涵,提升其潜在价值,使学生既能学习掌握知识,又能在课堂上获得情感的提升。

二、实现生活体验和情感的转移

过马路是学生经历过的事情,他们对此有着较丰富的生活体验。当时2010年上海世博会即将举行,于是就想到把世博元素加入课堂教学中。在迎世博的活动中,学生们积极参与"找陋习""找美好"的活动,从中他们发现了生活中的不文明现象——不遵守交通规则乱穿马路，同时他们也亲身感受到这样的不文明现象正逐渐消失，取而代之的是"红灯停，绿灯行"的文明风景线。年幼的学生只是知道应该遵守交通规则这一表面行为，不清楚不明白这一行为的真正目的。因此，课堂教学时，在世博会这样一个举世瞩目的盛事背景下，挖掘出"文明行路"所蕴藏着的深层价值：文明行路是一个城市文明的体现，也是我们公民爱祖国、爱家乡的行动表现。在世博会期间和后世博会时代，我们每一个公民应以自己的实际行动向全世界展现一个和谐、美好、文明的城市，使上海成为一个名副其实的国际大都市。Better city, Better life!

[案例二][1]

"我要教给学生什么？"——《彩色的玻璃纸》同课异构分析

教学目标是课堂教学的出发点与归宿，课堂教学要紧紧围绕教学目标实施和展开。但如果教师目标意识淡薄，对教学三维目标理解含糊不清，就会造成实际教学时目标不明确，重难点错位，教学效果会出现学生学了一节课收效甚微，并没有实质上的提高。我们认为，要上好一节成功的美术课，最关键的是：教师在教学设计之前首先要明确教学目标，理清教学思路，问问自己"我要教给学生什么？"，然后，在此基础上再根据学生实际情况设计教学过程。

《彩色的玻璃纸》是美术书画版第5册中色彩加工厂单元里的一课，是学生认识三原色后，运用彩色玻璃纸开展的色彩游戏活动。彩色玻璃纸具有透明的效果，将玻璃纸加以透叠会产生变色的效果，可以帮助学生复习巩固三原色知识，又能获得特殊的透明画面效果。教师通过三次不同的教学实践后深深感到：三次教学呈现出的不同面貌、最后学生作品呈现的不同效果归结到最后就是这样一个看似简单的问题："我要教给学生什么？"，下面就通过《彩色的玻璃纸》的教学具体进行阐述。

【调整一】 使用教参制定教学目标，设计教学过程

第一次备课时，教师在课本内容的基础上结合教参，制定了如下的教学目标和重难点。

---

[1] 案例提供者：原闸北区第四中心小学　张卓晔

【教学目标】

情感与态度：了解彩色玻璃纸叠加会变色这一现象，体验色彩相叠产生的有趣变化，感受尝试、创作带来的成功喜悦。

知识与技能：通过了解彩色玻璃纸的特性，学习用排列与叠加的方法进行多色玻璃纸的拼贴练习与创作。

过程与方法：通过欣赏和观察，学习用彩色玻璃纸排列与叠加的不同拼贴方法创作各自喜欢的图案。

【教学重点与难点】

重点：创作拼贴"叠加成多色"的彩色玻璃纸作品。

难点：合理、有规律地拼贴画面。

在上课时，教师主要设计了如下的教学片断：

1. 导入部分通过让学生摸一摸、叠一叠认识玻璃纸的特点以解决教学重点。

2. 新授部分让学生小组为单位进行玻璃纸的叠加练习，同时教师通过点评小组作品让学生了解排列的基本原则以解决教学难点。

3. 在作业部分，我创设了"相框达人"的情境，要求学生2人一组将玻璃纸剪出不同颜色、相同图案，再进行合理拼贴在灰色卡纸上作为相框的背景，同时将自己带的照片外形进行简单修饰后贴在背景上，适当进行装饰美化，最后在卡纸反面贴上三角形支撑架就完成了相框制作。

这节课可以说达到了预定的教学目标，重难点的教学也很好地完成了，学生100%地完成了作业，教学各个环节也很顺利地实施。但最后课堂作业的效果却不如人意，预想中玻璃纸透明的、叠加变色的有趣效果没有得到体现；学生照片的摆放也有大有小、凌乱不堪、毫无美感可言；全班的作业公式化，缺乏创新，学生完全根据教师的作业要求去套；评价环节让学生相互点评作业，很多学生表达的是："贴得整齐""照片好看"。

为什么会出现这样的作业效果？课后教师对整节课进行了反思，得出这样的结果：一是，只注重了教参提供的教学目标和教学重难点，却没有考虑到玻璃纸的特点和学生的实际情况，玻璃纸本身光滑不容易剪，让三年级学生在一节课里又剪、又贴，还要装饰美化，时间上不够，学生为了能及时完成作业就照搬老师的范例因此导致了作业的雷同、效果的凌乱、没有美感,更没有创新。二是,教师没有深入地解读教学目标,没有很好地理解本课的美术内涵和教育内涵,"艺术味"不浓,难道这节课学生仅仅学到的是"贴得整齐?"、感受到的是"照片好看?",不应该是这样的,教师要教给学生什么呢?

【调整二】反思"我要教给学生什么?",重新制定教学目标

反思《彩色的玻璃纸》第一次教学,我们感到课堂中体现的"美术内涵"不够,学生审美情趣和能力不高,美术课并不是为完成某项技能目标而设计的,更是为了能在活动中进行美术知识、技能的学习和美术素养的养成,以及创新精神的培养。因此教师问自己"通过这节课,我要教给学生什么?",于是结合三年级学生实际情况,同时提升美术内涵,重新制定了教学目标。

【教学目标】

情感与态度:了解彩色玻璃纸叠加会变色的有趣现象,感受民间剪纸的博大精深。

知识与技能:欣赏民间剪纸,了解民间剪纸、剪影的由来、特点,掌握剪纸中阴刻、阳刻的区别。

过程与方法:用玻璃纸结合剪影的形式创作有趣的玻璃纸作品。

【教学重点与难点】

重点:欣赏民间剪纸,了解剪纸的特点(包括阴刻、阳刻的区别)。

难点:感受剪影的艺术魅力,用剪影人物、几何图形创作出有趣的玻璃纸作品。

根据以上教学目标,教师设计了如下环节:

1. 导入部分教师示范用玻璃纸叠在一起剪出图案,并在实物投影上叠加摆放,让学生了解玻璃纸叠加能变色。

2. 新授部分让学生首先观看一段民间剪纸的视频,了解剪纸的特点。然后以一个"考眼力"的游戏让学生分别找出阴刻、阳刻的剪纸作品。以上2个环节以此解决教学重点。

3. 欣赏剪影作品,并用活动小人摆放出一个运动的人物外形,让学生初步感受剪影的特点,同时也解决了教学难点。

4. 作业环节要求学生2人合作,一人摆放活动小人、描画出外轮廓并剪下来,

另一人负责将小人和一些几何图形拼贴到透明胶片纸上。

这节课提升了美术课独有的教育内涵，拓展了学生的知识面，也展示了教师美术技能的指导，但作品依然不如人意，甚至更差，只有一半左右的学生完成了作业，而且作业质量不高，不仅贴得不合理，而且玻璃纸特有的效果也没有体现。当时上完课教师的第一感觉：

1. 剪纸的内容与玻璃纸关系不大。

2. 教学要求有一定难度，美术基础一般的学生掌握有困难。

3. 作品中贴的环节交代不清，致使学生只知道重叠贴，不知道要有选择、均衡地贴，导致作业画面效果不美，显得杂乱无序。

经历第二次教学后，教师陷入了深深地迷惑，《彩色的玻璃纸》到底应该怎么上，到底要教给学生什么？

【调整三】从作业入手，逆向思维制定教学目标

反思两次教学中的问题，教师也找到了共同点：2次学生作业都没有很好地体现玻璃纸的特点，都没有达到预期中的效果。虽然在第二次授课时将第一次作业使用的卡纸换成了透明的胶片，是想更好地体现玻璃纸透明的特点，让叠加变色效果更好，让作品变得更加绚丽多彩，但结果都失败了。

思前想后，我们感到美术课堂教学的效果也直接影响到美术作业的效果，也就是说作业是检验课堂教学的手段，是教师了解学生课堂上对知识技能掌握情况的途径。因此，决定从学生作业入手，反过来思考教学目标和过程。教师自己先做一些不同的玻璃纸作品，并从中选出效果最好的作品。最后决定用2张透明胶片制作的旋转人物剪影色环作为第三次教学的课堂作业，于是又第三次制定了教学目标。

【教学目标】

情感与态度：了解彩色玻璃纸叠加会变色这一现象，体验色彩相叠产生的有趣变化，感受尝试、创作带来的成功喜悦。

知识与技能：通过了解色轮的有关知识，掌握原色、间色、复色之间的变化规律以及色彩之间叠加的丰富性。

过程与方法：通过欣赏和观察，学习用剪影人物表现彩色玻璃纸丰富的色彩

变化。

【教学重点与难点】

重点：通过认识玻璃纸"叠加成多色"的特性，了解复色的定义。

难点：通过观察、比较玻璃纸，寻找出更多的复色，从而感受生活中色彩的丰富多样性，激发热爱生活的情感。

这次教学目标，教师选择了玻璃纸的色彩这一方面具体深入展开，以学生色彩感知和提升色彩审美为主，横向削减了玻璃纸剪的内容、降低了难度，但纵向拉伸了色彩认知的内容，将重难点都集中在色彩学习这一部分上。

教师设计了如下环节：

1. 导入部分直接发放给学生玻璃纸叠加变色的色环，让学生观察三原色、三间色，引出复色，并完成一份学习单，这样一来在导入部分就完成了教学重点。

2. 新授部分教师教授12色环的知识，让学生自己动手叠加玻璃纸找出6个复色，并掌握复色的含义，解决了教学难点。

3. 作业环节要求2人一组制作会旋转的人物剪影色环，并通过玩玩转转，感受生活中复色的丰富多彩，寻找出更多的复色。

根据这一次的教学过程，学生的作业基本相同，都是会旋转的色环，但玻璃纸呈现的效果非常好，这次教学的重点并不是学生作业要多么地创新、多么地漂亮，而是通过玻璃纸作业，丰富学生的色彩知识、提高学生的色彩感知、感受大千世界里色彩的千变万化、做一个善于发现生活美的人。

"生活中从来不缺乏美，只要我们用心去感受！"——这就是要教给学生的。

【比较分析】

同一节课，不同的教学目标、教学重难点，产生了不同的教学效果，学生学到的知识、掌握的技能也各不相同，归根到底是教师把握整节课的脉搏是否准确，是否明确自己"我要教给学生什么？"。通过《彩色的玻璃纸》三次教学，我们感触良多，这节课最重要的不是"我是否完成了教学目标，解决了重难点"、不是"脱离实际地拔高美术内涵"，而应该是"我要教给学生什么！？学生学到了什么？"。

调整一中，教师教会学生用玻璃纸重叠拼贴，但是学生作业呆板统一，缺少"艺术味"，体现不出美术课的特点，这节课变成了简单的手工劳动课。

调整二中，教师教会学生了解剪纸的特点，其中阴刻、阳刻的区别、剪影人物的特点，虽然美术内涵、审美丰富了不少，但却将这节课变成了剪纸课，而且学生作业难度过高，脱离了学生实际。

调整三中，教师紧紧围绕玻璃纸叠加变色的特点，以此开展教学。教给学生如何用玻璃纸有限的色彩去寻找出更丰富的色彩，教会学生如何发现生活中的美。这节课学生徜徉在色彩的美妙世界里，通过学生喜欢的玩玩、做做来发现生活中色彩的丰富，而这一切仅仅是用了几张玻璃纸就达到了效果。教师教给学生学生更深切、更直观地感受"以小见大"的含义，培养学生养成"用美术的眼睛观察世界"的习惯。美术课的艺术性、审美性、教学性得到了体现。

如何寻找"我要教给学生什么？"的答案，在调整三中有这样的几点启示：

1."新课标"虽然建议教师鼓励学生进行综合性学习，加强美术与其他学科的联系，与学生生活经验的联系，培养学生的综合思维和综合探究的能力。但如果将"综合"理解成歌堂上吟诵儿歌、唱唱跳跳这样大杂烩式的综合，就如菜肴中加入了过多的调味品，反而失去了这个菜本身独有的味道。

美术课就要体现出"美术味"即美术课的立意要高，要区别于手工劳动课、人文欣赏课、综合探究课等，要有美术课独有的艺术熏陶；要有绘画知识的渗透；要有绘画技能的指导；要有体现美术审美的作业，总之要有浓浓的美术味！因此教师教给学生的不应该是剪剪贴贴的手工劳动。

2.美术课不仅要贴近学生的认知水平，更要贴近学生的生活。小学美术课不是为了培养掌握专门美术知识、技能的美术家，而是通过美术活动使学生形成基本的美术素养、丰富和完善学生个性、品质，激发创造精神、体验美术的乐趣。因此教师教给学生的不应该是高深的美术理论知识。

3.如何体现学生在课堂中到底学到了什么？我们认为就是课堂作业。美术作业是检测学生学习状况，反映情况的一个重要环节。而在平时教学中作业不受重视，往往前面的导入很精彩，新知识教学很流畅，而作业设计马虎，课上起来虎头蛇尾，不完整。如果美术作业仅仅为了完成教学任务，教师对学生作业呈现的最佳效果心中无数，作业设计不恰当，不仅影响了教学效果，而且影响了学生发散性、创造性思维的表现。因此教给学生的不应该是为了完成教学任务的课堂作业。

因此，应重视课堂作业的设计，调整三就是把彩色玻璃纸的作业设计作为整节课教学目标的指路标，逆向思维，打开了教学思路。

"我要教给学生什么"是一个值得不断探索的课题，要想寻找答案，需要教师把握一个关键：体现学科独有的教育内涵、贴近学生认知水平、贴近学生生活、重视课堂作业设计等原则。通过不断实践与反思，最终一定能创设出"教师有滋有味教育教学，学生有滋有味地享受课堂。"的教学，促使学生全身心投入到课堂中，感受美术的魅力，体验学习的乐趣。

[案例三][1]

购物讲文明

【案例背景】

在品社学科教学中，教材往往就是两页的图片夹杂些许文字，让小学生不能理解深意，所以在品社教学中，充分挖掘文本的教育价值，引导学生获得多方面的知识技能就显得尤为重要。

【调整一】

一、利用原有教材内容进行教学

1. 说说平时都去哪购物。根据现如今的生活习惯，自然地引出超市购物话题。

2. 图片观察：书上图片所描绘的不文明场景。学生这样的不文明现象会造成哪些负面后果。感受超市不文明购物的扰人之处。

3. 回想自己身边有无购物不文明现象。

4. 谈谈自己该如何做，杜绝此类不文明购物现象。

【分析】

当教学到三年级上第一学期《购物讲文明》一课中，我们发现到超市自选购物已成为不少市民的消费习惯，但超市不文明购物现象屡见不鲜，所以锁定以超市不文明现象为本课主要情景。并且，书上图片所描绘的寥寥几个不文明的场景，也已有些过时，不能让学生切身地感受这些不文明现象对其他消费者带来的严重影响

---

[1] 案例提供者：闸北区第四中心小学　施静瑶

和激发学生学做文明消费者的决心。

【调整二】

二、提炼文本价值,提升人文素养

1. 新闻视频引入超市购物不文明现象,比一比看谁发现的最多?学生交流。

2. 通过观看视频,了解这样的不文明行为会损害顾客的利益、破坏购物环境、存在安全隐患、损害商家利益、增加工作人员的工作量。

3. 引发思考:究竟怎样做才能成为一个文明的小顾客呢?小组讨论。感受文明购物能给大家带来保障自身利益、尊重他人劳动、营造良好的购物环境、带来愉悦的心情。

4. 回归生活,情境辨析,懂得挑选物品时要轻拿轻放,一旦发生意外打碎物品,也要勇于承担,为自己的行为负责也是一种文明的购物行为。

5. 总结:大家说的很对,作为一名顾客,在购物时必须遵守购物秩序,规范自己的言行,这样做不仅尊重他人的劳动、保障自身利益,还能营造良好的购物环境,使自己保持一颗愉悦的购物心情,所以我们要从我做起,做个文明的消费者。

【分析】

在第二次对教材的深入解读后,教师又重新制定了教学目标。学生比较容易理解的教学内容,做了些许淡化的处理。而将课堂挖掘的重点放在了不文明购物的危害上。由此,学生在列举种种不和谐现象后,也进入了深层的思考:究竟怎样做才能成为一个文明的小顾客呢?在情境创设下,学生有了情感体验后提出了一些自己的建议。这不仅增强了学生的城市主人意识,也在无形中规范了自己自觉遵守购物秩序的言行,学会做一个文明的消费者。

【教学反思】

"品德与社会"课程是在小学中高年级开设的一门以儿童社会生活为基础,促进学生良好品德形成和社会性发展的综合课程。由此可见,品德与社会课程是综合课程,而品德性是它的灵魂。因此在本课教学中,教育学生在购物场所讲文明正是对学生进行品德教育的一种体现。

本节课的文本重构中,教师尤为重视教学资源的开发与运用,网络、音像、超市等方面的资源。从这些渠道,教师搜集了更多的材料来对教材做补充,十分丰富而且绽放着生活的原色,是对教材的极大补充,这些资源的合理运用,体现了"用教材"而非"教教材"的新课程精神。

在本案例中,教师以学生的生活为基础,以学生能看到的、听到的、感受到的内容为载体展开活动,让学生在活动中领悟应该做一个文明顾客,促使学生良好品德形成和社会性发展,体现了品德与社会学科作为一门综合课程的价值追求。

在学习方式上,体现自主探究、自主建构与积极引导的有机结合,教学中教师通过设置一些能够激发儿童探究的话题,在超市中顾客的不文明行为等,为学生留下了较大的空间,并设计在生活中模拟购物的场景,让他们去调查和研究。学习过程主要是讨论、分析、交流、表达和合作的过程。这过程促使学生主动地感受、体验和领悟,促使他们与人、与社会、与环境产生互动,形成对道德观念的认识、理解和内化。

本章参考文献

1.《潜心解读文本,提高课堂教学有效性》,陈都亚,《中学课程辅导·教学研究》2011年第21期

2.《关注教学细节 体现教学价值生成》,江苏省金坛市华罗庚实验学校 王丹凤

3.《新课程背景下语文教学三维目标的设定与落实》,梧桐雨的博客

4.《我的教学过程观:快乐体验、互动生成、价值内化》,中国中小学教育教学网

教学资源之编排
——技术 7：文本衔接

针对散点分布的知识点，通过对学生学习能力的整体考量，对教材前后内容进行关照、相似内容加以整合，使知识要点呈现序列化，帮助学生编织完整的学科知识网络。

目前,随着课程的变革有许多原有的教学理念和教学行为需要转变。其中,教师对教材的理解、对教学的设想而设计的教案,就需要教师根据教学进程中出现的一些知识点随时调整、转化,对教材本身的资源进行有效的挖掘和重组再衔接,只有这样才能体现以学定教,顺学而导,教为学服务的思想。

众所周知,小学课程的教学体系采取的是文选式安排,教"教材"只是我们实现教"课程"目标的方法或途径之一,再加上教材编纂过程中不可避免存在一些编选者个性化的因素,这就注定了任何一部教材都具有变通性和开发性。教师能动地使用教材文本,首先是由课程特点及教材本身的属性所决定的。当然,作为一线教师,它更是我们视不同目标、不同学情,实施学科有效教学的需要。如何真正使用好教材文本,处理好教材与课外教学资源的关系,一直以来是教学研究当中的一个非常有意义的话题。在这个话题当中,"能动性"和"创造性"显然应该成为我们的一种价值诉求。

文本衔接技术就是针对散点分布的知识点,通过对学生学习能力的整体考量,对教材前后内容进行关照、相似内容加以整合,使知识要点呈现序列化,帮助学生编织完整的学科知识网络。

价 值 与 意 义

在研究过程中,我们发现文本衔接技术对教师如何用活教材,进行有效的教学,具有深远的指导意义。用活了教材,也改变了学生的学习经历,使学生的学习焕发出无穷的光彩,使我们的课堂彰显生命的活力。"文本重构"成为我们更好推进课程改革的一个关键环节,每一位教师都应智慧性地运用教材,以文本衔接的意识活用教材,做到课内外知识的融合,学习方法与探究的统一,学生活动与教师活动的互相结合,更好地整合资源、优化课堂、提高教学效率。

一、追求师生文本观念的转变

在新课程改革中,不少学者提出教师要用发展的眼光来审视和驾驭新教材,让文本发挥出新的活力,从"教教材"发展为"用教材教"。这其中的关键是怎样调动教师内心深处学习研究和探索的需要与热情。"教教材"是指教学过程中过于依赖文本,是一种教书匠的态度;"用教材教"是把文本视为一种重要的教学载体、教学资源,是一种研究者的态度。很显然它是一个教学理念的转变,即教师科学高效创造性地使用教材:以教材为本,研究教材、研究学生,对教材进行适度开发(包括选择、加工、重组、优化、增删、调整、拓展文本内容,创造性地解读文本),开发出适合本地区、本校学生实际的文本资源。

新教材编写者在编制教材时已经充分考虑学生的需要,但是学生有地区、学校、时间等差别,因而教材很难适应学生的发展。特别是科技信息瞬息万变,教材不可能时时在变,因而学生不能采取传统方法去死啃书本,要与时俱进。传统的观点认为文本资源的开发是教师的事,忽视学生在文本资源开发中的作用。事实上学生思维之活跃、兴趣之广泛、问题之多是课堂上难以预料的。因此文本资源衔接时借助学生这一重要人力资源,通常的做法是每节课前预习时收集学生的问题;或在每节课前5分钟的时间让学生宣读或讲解课前收集的资料;或在教学内容的设计、课件的设计、研究性学习的设计等方面要求部分学生参与。这样开发出的文本是师生共同完成的,学生学起来当然兴趣浓厚、情绪高涨了。

二、追求熟练驾取文本的能力

不同版别的教材,由于编写者的知识结构和思想倾向有所不同,以及保护教材知识产权的要求。因此,不同版本教材具有不同的编写意图、切入视角、呈现方式及内容设计。在知识体系的安排、教学案例的选取、知识呈现的方式上都存在很大的差异。这就要求教师需要钻研课程标准、教材、学生,找准三者的联结点,才能做到文本资源的开发。在这个过程中,通过教师对教材的再度开发来保证学生所接触的文本才是更有教育意义的,教学的收益才能更大。

文本衔接技术要求教师能将各单元中要求学生掌握的知识、技能、方法,进行综合的、合理的、系统地梳理和编排,使之更加贴近学生的生活实际与已有的知识基础和生活经验,让学生的学习变得更轻松、自如,从而进一步提高课堂教学效率。作为教师,只有深入地解读课程标准,细读文本,研究教材,才能科学地、有效地将文本进行梳理和统整。该技术的研究在一定程度上有利于教师业务素养的全面提升。作为一名教师,应该对文本由自己深入而独特的解读,而且教师要大量占有文本信息，站在学生学情和情感角度才能对本文深入地解读，方能在课堂上游刃有余，"以不变应万变"，让学生在不知不觉中品味语言、理解情感。这也是教师应该不断追求的。我们应该从本文角度出发，多研究、多思考、多创新，大胆实践，不断提高课堂效率。

三、追求学生学习方式的转变

"文本衔接"使学生成为课改的最大受益者，而在这个过程中也能改变教师的教学理念，提升教师的教学素养。

首先，它让我们知道要教给学生的是什么，老师们的目标意识更强了。一篇课文，能挖掘的知识点、训练点很多，孤立的教学使我们越教越茫然。因此只有站在教材的高度，提炼与梳理，才能找到最适合学生学习的练点，我们的教学也才能更有针对性。

其次，在统筹整理教材的过程中，作为教师个体，对教材的理解，对目标的把握，则有了更明确的认识。摒弃了以往照本宣科的做法，教师在解读教材的过程中，提升了自己运用教材、创造性地使用教材的能力。

学生在学习过程中对一些问题进行思考，就会在整体上对教材有所把握，就会对所要学习的知识有一个大概了解，这样学生就在以后的学习中有了思考的空间，为自主构建知识体系提供了可能。文本衔接技术的运用有利于帮助学生梳理知识体系，架构知识结构，对学生自主构建知识体系起到一定的推进作用。

操作与设计

课堂教学成功的重要因素之一，就是如何处理教学中各环节的衔接问题。在课堂教学设计过程中，必须考虑到课堂教学系统中各个环节之间的衔接关系。这个衔接关系应遵循一定的要求，在课堂教学中，各环节文本的衔接应贯穿于课堂教学活动的始终，是教学节奏的特征之一。

一、合理联系教学内容，助推学生构建知识网络

小学各年段的教学内容是密不可分的整体，有很多衔接知识点。这些内容从

一年级一直贯穿到五年级，涉及到整个小学义务教育阶段，但相同领域的教学内容在不同学段有着不同的目标。每个年段各章节内容是从这个年段的客观需求出发，不是知识的简单重复与衔接。因此，作为一名教师，教学中应当把各年段的教学内容作一个系统的分析和研究，掌握新旧知识的衔接点，做好新旧知识的架桥铺路工作，帮助学生建立小学知识网络。

1. 统整相同知识点，分层推进

同一知识点，在不同教材中出现，其训练重点与学生操作实践的难易程度也不一样。为此，我们要从这几册教材的整体出发，将具有相同训练点的比较典型的内容联系起来，形成一个整体，进行分析整合。在教学中，采用分层推进的方式，根据文本自身特点、学生兴趣与接受能力等，从切入角度、感悟方法和操作实践等方面对同一知识点进行科学合理地渗透，力求不拘一格，讲求实效。

例如，在一年级下册的英语教材中，单元主题为季节这一课中，主要新授春夏秋冬及四个季节所对应气候特点的表达。而在三年级下学期的教材中，主题为季节的单元主题又一次出现了，因此教学时，教师不再将气候特点的表达作为教学重点，而是作为课前的训练铺垫。教学中，教师着重引导学生进行不同的气候所对应的不同活动的表达。由于教师认真解读教材，合理把握了教学重难点，使得整节课的效率大幅度提高，学生也学得兴趣盎然。

2. 挖掘各类资源，合理融合

在教学中，有着不少的教学资源，除了一些隐性资源，还有不少显性资源。如语文教材中的课前导语、课后习题、综合训练、教师自己设计的各类练习卷等。如何将这么多资源在课堂中结合文本的学习实现最优化的教学，这就需要根据教学进程中出现的一些知识点随时调整、转化，对教材本身的资源进行有效的挖掘和重组，只有这样才能体现以学定教，顺学而导，教为学服务的思想。

例如，语文教学中，我们可以根据教学资源将其"同化""异化"和"强化"。

同化是指将拓展的文本资源与教材文本融为一体，成为教材的有机组成部分。在教学中，教者利用它，丰富教学内容，增添学习情趣，拓宽学习视野，提高学科素养。

异化即比较阅读，对比阅读指将教材文本与拓展文本进行比较阅读，感受其异同，从而更加深入地理解教材内容。

强化即通过拓展的资源,进行反复回旋,螺旋上升,从而强化某一情感,或某一中心。

3. 设置多维目标,个性化处理

面对任何一个文本,教师首先应该有具体教学的目标意识,这个目标可以来于教材的编写意图,也可以来自于教师自身教学的个性编排。只有在有了具体的教学目标定位之后,才能去想在学生现实学情的基础上应怎样通过对这个文本的灵活处理来达成教学目标。有效统整教学目标,就是对三维目标进行分析、组合,将之具体化的过程。合理地统整三维目标,不仅能提高目标的达成度,且在一定程度上能促进学生形成良好的学习品质。

变全景呈现为分散逐现的选点或片断式教学。这种方法常见于教学篇幅较长的文本。教师围绕教学目标,立足学生的现实水平,在深入钻研教材的基础上,对文本进行大胆裁减,删繁就简,将课文中值得教又值得学的"精华"筛选出来,作为教学的"内核",引导学生潜心会文,深入研读,使之成为学生学习的创新点、发展点。

变墨守成规为批判创新的多角度、分层次解读教学。语文是一门需要感受和体验的学科,是一个多层面、多角度的存在。教师一味地墨守成规,势必会消减学科的独特魅力。这就要求教师在教学中要敢于变换视角,不迷信教本、教参,以一种创新的姿态对文本进行多角度、分层次解读。这是一种意义理解层面的创新处理。

变单篇设计为多篇综合的版块组合式教学。在阅读教学当中,根据特定的教学目标,我们还可以对不同文本(可以是教材或读本中的,也可以是课外的)或据主旨或据题材或据体裁、作者、表达方式、文本亮点……进行创造性组合后进行比较阅读、探究阅读。文本之间可以并举互映,也可有主次区分。

将两件或两件以上在内容或形式上有相同或相似之处的作品编为一组,相互对照,辨析异同,用以识别作品特征,是我们提高学生读写能力的一种重要的方法。这时文本之间的地位是对等的,是一种"并举互映",我们在平时教学当中已运用较多,不再赘述。

二、根据学生实际学情,有效衔接教学环节

教学中,教师应遵循新课程改革的理念和素质教育的精神,要依据学生的学

情,设计教学环节,做到注意前后知识的衔接,在学生已有的知识技能上,对教学目标、教学内容、教学设计进行文本重构和适当的调整,合理地运用多种形式的教学方法,调动学生参与学习的积极性,为学生创设一个良好的学习环境,以达到较好的学习效果。

1. 根据学生即时表现,适时调整教学目标

制定有效的教学目标,是指教师以教学目的的制定,教学内容和方法的选择,教学过程的安排,学生学习方法的指导,学生学习能力的培养和学生学习效果为反思对象,进行主动探究,寻找和解决存在的问题。从而形成良好的反思习惯和反思能力,提高自我监控能力,加强对教学过程和效果的监控,调动教学自主性和主动性,提高教学实效的一种教学方法。以全体学生"学会""会学"为目的,教师通过反思来调整教学,并强调"思"与"练"的结合,通过补救性的训练来解决存在问题,从而落实教学目标。

2. 合理衔接教学内容,降低学生学习难度

在教学中受教材特点、学生的理解能力、个性差异等局限,在进行知识点训练时考虑教学过程与方法的科学合理性就显得尤为重要。在教学中教师要通过设计层层递进的教学环节,还原问题与结果之间缺失的教学过程,为学生在知识与能力起点和终极目标之间搭设台阶,降低难度,让学生通过攀登有层次的台阶达到终极学习目标,激活学生主动学习的兴趣。这种衔接要求自然连贯,由浅入深,循序渐进。恰当的衔接能将教学内容步步引向深入,使学生对所学内容易于理解接受,体现教学进度的推进,达到既激发学生兴趣,诱发学习欲望,沟通师生间的信息传递,又能促使学生积极思维、产生"跃而获之"的念头,收到事半功倍的效果。

如在教学二年级语文《称象》一课时,教师为了调动学生学习积极性,培养学生主动探究的能力,就先让学生质疑,并自己读课文解决可以解决的问题,让学生选择自己感兴趣的问题去阅读;在讲读环节,教师设置一个讨论题:大臣们称象的办法为什么不可行?曹冲的办法巧妙在哪里?让学生读书和探究,让学生有争论点,激发学生思维的积极性,迸发思维的火花,为之后的复述做铺垫。再如复述环节,教师让学生看着图小组合作说一说曹冲称象的整个过程,自主串连知识点大胆尝试,大胆表达。由上述案例可见,教师设计了思维性较强、环环相扣的讨论题,调动

了全班学生兴趣浓厚,激发了学生主动质疑,主动读书,主动探究问题的积极性,教师作了适当的点拨和鼓励,通过老师的引导,很自然地将学生的思路由简单的文本解读引入到文本主旨探讨层面上来了。

3. 注重学生学习经验,有效衔接教学方法

纵观小学各年段教材,要求逐年提升,具体表现在内容拓宽,知识深化,从具体发展到抽象,从文字发展到符号,由静态发展到动态,增加了一些较难理解和掌握的知识点。因此,在教学过程中,教师必须结合学生的心理特征,从学生的认知结构和认知规律出发,采用"低起点、小梯度、多训练、分层次"的方法,将教学目标分解成若干递进层次逐层落实,在学生已有的生活经验和知识的基础上进行教学,让学生保持住学习的兴趣,以做好教学方法上的衔接。在这一过程中,教师还是要处理好教与学的关系。教师的"领"实际上就是"导",是从学生的"学"出发的,引导学生自己去发现,去探索,去总结。培养学生发现问题,解决问题,总结问题的能力。让学生体会衔接的妙处,懂得怎样去衔接,向哪个方向衔接,衔接的目的是什么,这样学生在以后的学习中就自然而然地能触类旁通了。

调 整 与 说 明

无论是三维教学目标的衔接还是教学内容等整合,一切都要从学生实际出发,一切都必须从学生的认知水平和学生的理解能力出发。在教学过程中,采用适合学生的兴趣,适合学生的学习能力,激发学生兴趣和探究的好奇心为前提的教学方式,有效达到教学目标。

一、遵循原则

教师要掌握和运用衔接艺术,就应考虑教学内容的性质和学生的心理状态,掌握多种多样的衔接方法;或搭桥铺路,自然衔接;或转向质疑,提问衔接;或演绎论证,分析衔接;或启发类比,比较衔接等。但无论采取哪种形式,课堂衔接技术都必须遵循这样几个原则。

1. 思想性

教学必须与育人紧密相连、与现实社会的发展密切联系,故衔接的设计与实施

必须注意思想性,做到文道结合,既教书又育人,切忌为单纯追求学生的兴趣而采用低级趣味的方法。

2. 趣味性

衔接要像磁铁一样紧紧地吸引住学生,有趣味感、幽默感,且花样百出,不断激发学生学习的热情。

3. 启发性

衔接艺术讲求针对性、启发性、可接受性,"针对性"是指根据教学目标和教学对象的基础来设计,"启发性"是指要让学生学有所思、学有所悟,"可接受性"是指衔接设计要难易适中,让学生容易接受理解。

4. 整体性

巧妙的衔接应使课堂的结构更加紧凑、师生配合更加和谐,但应重视课堂教学的整体性,万不能节外生枝,使知识脱节。

5. 连贯性

衔接要连贯自然,不仅是教师从一个问题转入另一个问题显得从容自如,还必须是这个问题确实能引起另一个问题的思考,或者说,这个问题的内涵和另一个问题的内涵具有必然的、内在的、有机的联系。

总之,要提高课堂教学效益,激发学生的学习潜能,有效控制学生的注意力,使课堂教学各环节间成为密切相连的有机整体,那么课堂教学的各环节间衔接性的设计是不可或缺的。

二、补充说明

文本衔接技术在操作时还应注意以下几点事项。

1. 大处着手,进行目标整合

在平时的教学实践中,不难发现,教材中有些内容的安排并不是最好的唯一,还是可以根据学生的实际与教学的具体情况作进一步优化、整合的,这样不仅可以使教学的过程更适合学生的年龄特征,而且可以使学生在学习时显得更加自然,教学的效果也就会大大地提高。

例如,在平时的作文教学中,教师能把教材作为例子来教作文,但很少会做出教材重组、单元整合这样的动作变化,对于每篇课文的教学目标也基本上是照抄教学参考,很少考虑学生的表达需要,很少分散学生的学习难点去指导写作。

2. 小处着眼,进行课时优化

单元的衔接需要一定的勇气和魄力,而课时的衔接就显得更加的普遍和必要。教师在备课时,应从学生的实际出发,从学生的角度去思考:怎样才能使学生的学习与现实生活离得更近,联系得更紧密,让学生的学习能够长久地保持新鲜感、亲切感,能够使他们学得自然、合理、轻松。

(1) 改变教学顺序

就一课教材或一组教材而言,其内容呈现的顺序,在许多时候若能进行适当的调整,将更加适合儿童的年龄特征和认知规律,更加适合他们的口味,也更有利于学生对知识的链接与衍生。

(2) 更改呈现方式

教材编写不可能面面俱到,只能针对学生的年龄特征,尽可能地体现出他们的共性,这就难免会造成一定的地区差异。教师在进行教学时,应该结合自己学校的实际情况,改变一下教材内容的呈现方式,使教学的内容更贴近本班学生的生活实际和他们已有的生活经验。这样既可以调动学生的学习积极性,又可以使学生乐于接受所学知识,从而使我们的教学事半功倍。

案 例 举 隅

以上我们通过几个案例片段,呈现了文本衔接技术的操作与调整的过程。我们通过以下几个完整的案例,以期能够全面呈现文本衔接技术。

[案例一]

在拼音教学中注意前后知识的衔接

【案例背景】

低年级的语文教学,要力求做到有情有趣,尤其是拼音的教学,因为拼音教学一直是重点,也是难点。以往学习的枯燥很容易使学生产生厌学情绪,影响以后的学习。为此,我们遵循新课程改革的理念和素质教育的精神,在拼音教学课堂上,多研究单元目标，注意前后知识的衔接，从学生的实际出发，在学生已有的知识技能上，对教学目标、教学内容、教学设计进行文本重构和适当的调整，合理地运用多种形式的教学方法，调动学生参与学习的积极性，为学生创设一个良好的学习环境，让学生在拼音王国里快乐地遨游，以达到较好的学习效果。

《稀奇歌》是小学语文一年级上册"读儿歌识字学拼音"单元中第10课的内容，拼音教学要求学生正确认读声母"j、q、x"，知道ü和j、q、x相拼要舍去两点，并学会拼读音节"xi、qi、ji"和练习拼读ü与 j q x 相拼的音节。

【调整一】 使用教参制定教学目标，设计教学过程

第一次备课时，教师在文本内容的基础上结合教参，制定了如下的教学目标。

【教学目标】

认知目标：正确认读声母"j、q、x"，知道ü和j、q、x相拼要舍去两点。

能力目标：能拼读音节"xi、qi、ji"。

情感目标：通过情景图片，让学生明白ü见j、q、x老师要脱帽行礼。

根据这节课的教学内容和教学目标，教师进行了如下的教学设计，应该说比较顺利地完成了所设想的教学内容：

1. 学习声母"j、q、x"并拼读音节

(1) 学习 j q x 的发音

(2) 看图编儿歌，学习"j、q、x""一只公鸡 jjj，一个气球 qqq，一把叉子 xxx"。老师指导，学生练习发音。

2. 练习 j、q、x 与韵母相拼

(1) 出示"鸡、七、西"三个字。学生认读。

(2) 让"鸡、七、西"三个字与音节"qī、xī、jī"找朋友。

(3) 练习拼读 j-ī→jī 公鸡的鸡；q-ī→qī 七个的七；x-ī→xī 西瓜的西。

3. 探究 j、q、x 与 ü 相拼的规律

(1) 出示：q-ù→qù 拼读音节时，发现了什么？（ü 与 q 相拼，两点去掉了。）

(2) 编顺口溜，记住规律：ü 见 j、q、x，脱帽行个礼。

(3) 练习拼读 ü 与 j q x 相拼的音节。

上完课之后，教师觉得能达成教学目标。在教学过程中，发现大部分学生都已

认识声母"j、q、x",并且能拼读音节"j-ī→jī、q-ī→qī、x-ī→xī",而且学生都已明白了ü和j、q、x拼在一起要去掉两点。但是,虽然完成了教学任务,但觉得学生学习不够热情,提不起精神来,学生为什么上课时兴趣不高,情绪不高涨呢?那是什么原因呢?回想整个教学过程,基本上是教师带着读,教学形式单一,由教师来主讲,学生学得很被动。

课后,又询问了一些同学,原来有一部分学生很早已学会了声母,并且大部分学生在家都能认真地预习,所以学拼音并不难。这就促使教师对教学情况进行反思,应该根据学生已认知的技能这一学情,重新制定本节课的教学目标,并对本节课的教学过程进行重新安排设计,也就是在本节课中进行教学策略的文本重构。

【调整二】了解学生情况,重新制定教学目标

针对课堂中出现的问题,了解了学生对于拼音的掌握情况,教师想到解决问题的关键是让学生主动学,主动探究。教师又重新研究了教材,发现这一单元的内容都是"读儿歌识字学拼音",学生已掌握了单韵母以及部分声母,为了让学生能更好地巩固之前所学的知识,熟练运用声母和单韵母拼读音节,教师采用知识衔接技术重构文本,并重新制定了本课的教学目标。

【教学目标】

认知目标:在学习j、q、x后,鼓励学生自编儿歌,区分"b d p q g"巩固记忆。

能力目标:能拼读音节"xi、qi、ji"和练习拼读ü与j q x相拼的音节,并给他们找找朋友。

情感目标:通过编顺口溜,引导学生探究j、q、x与ü相拼的规律,鼓励学生做个懂礼貌的好学生。

根据新制定的教学目标,教师试着修改教学的各个环节,注意知识点的铺垫和衔接,对本堂课中的教学环节进行了再设计,将教学内容进行了重构。

1. 学习声母"j、q、x"并拼读音节

(1) 学生看图编儿歌,老师指导:"一只公鸡 jjj,一个气球 qqq,一把叉子 xxx"。学生练习发音。

(2) 记字形:你们怎样记住三个淘气鬼的样子的?

（学生自编儿歌记忆：竖弯加点 jjj，一个大叉 xxx，像个 9 字 qqq，"b"翻跟斗 qqq，"p"一转身 qqq）

（3）你有什么好办法区分"b d p q g"？

（右下半圆 b，左下半圆 d，右上半圆 p，左上半圆 q，9 字加弯 g）

边念口诀，边做动作。

2. 练习 j、q、x 与韵母相拼

（1）出示"鸡、七、西"三个字。学生认读。

（2）让"鸡、七、西"三个字与音节"qī、xī、jī"找朋友。

（3）练习拼读 j-ī→jī 公鸡的鸡；q-ī→qī 七个的七；x-ī→xī 西瓜的西。

（4）同桌两个小朋友做找朋友的游戏。

（j-í→jí 着急的急，q-ì→qì 生气的气，x-ǐ→xǐ 洗衣服的洗……）

3. 探究 j、q、x 与 ü 相拼的规律

（1）出示：q-ù→qù 拼读音节时，发现了什么？（ü 与 q 相拼，两点去掉了。）

（2）讲故事《调皮的三兄弟 jqx》

我们来编个顺口溜：小 ü 小 ü 有礼貌，见着 j、q、x，就脱帽。我们愿意像小 ü 一样见到老师脱帽问好吗？（愿意）我们都来做个有礼貌的小 ü 吧！

（3）练习拼读 ü 与 j q x 相拼的音节。

（4）同桌两个小朋友做找朋友的游戏。

（j-ú→jú 菊花的菊，q-ù→qù 来去的去，x-ū→xū 需要的需……）

这堂课非常成功，达成了预期的目标：学生积极投入，学习主动、热情，探究意识很强。

首先学习声母"j、q、x"这一环节，教师鼓励学生看图或联系生活自己编口型儿歌；接着，又让学生根据声母的形状编字形儿歌，集中了学生的注意力，又激起学生强烈的学习兴趣。最后，教师注意到前后知识的衔接，让小朋友想好办法区分"b d p q g"，激发了学生的探究意识，孩子们通过自己编儿歌，思维的火花不断地迸发出来，学生在边看、边说、边比划的过程中加深了对这几组字母的记忆。相近字母一目了然，使学生模糊的形象得以清晰，知识得到巩固，学生才会运用。

其次学习拼读音节这一环节，教师在学生熟练拼读 j-ī→jī 公鸡的鸡；q-ī→qī

七个的七;x-ī→xī 西瓜的西的基础上,让同桌两个小朋友做找朋友的游戏,找朋友就是组词,让学生把拼音和词语结合起来认读,孩子们通过联系生活组词也能化解难点,加深印象,帮助记忆,特别是比较难读的第二声和第四声。另外,学生通过自己动脑筋,给拼音找到了朋友,创造的欲望不断增强,有利于学生创新能力的培养,更从中体会到自主学习的乐趣。

最后探究 j、q、x 与 ü 相拼的规律这一环节,通过讲故事,编顺口溜来帮助学生记忆。讲故事学生最爱听,生动有趣,容易记忆,能够帮助儿童在听故事中获得知识,形成记忆,在学习 jqx 和 ü 相拼的规则时,教师讲了 jqx 三兄弟很调皮的故事让学生记忆,jqx 和 ü 相拼的时候去掉两点。学生不仅听得津津有味,而且记忆深刻。在编儿歌的基础上进行文明礼貌的教育,鼓励学生做个懂礼貌的好学生。

从学生的课堂表现中,我们不难看出,案例一的教学大部分学生学习被动,老师让学生做什么,学生就做什么,学生缺乏兴趣,没有思维火花的碰撞,也没有注意到前后知识的衔接。而案例二的教学中,教师注意知识点的铺垫和衔接,鼓励孩子自己编儿歌、找朋友,全班学生兴趣浓厚,具有主动探究问题的积极性,教师作了适当的点拨和鼓励,通过老师的引导,学生对文本解读能结合自己认知和生活中获得的经验,更能帮助学生记忆。

【教学反思】

通过对这堂课的教学目标、教学设计的文本重构,在教学上,我们有了更多的体会。

1. 根据学生学情,制定有效的教学目标

制定有效的教学目标,是指教师以教学目的的制定,教学内容和方法的选择,教学过程的安排,学生学习方法的指导,学生学习能力的培养和学生学习效果为反思对象,进行主动探究,寻找和解决存在的问题。从而形成良好的反思习惯和反思能力,提高自我监控能力,加强对教学过程和效果的监控,调动教学自主性和主动性,提高教学实效的一种教学方法,以全体学生"学会""会学"为目的,教师通过反思来调整教学,并强调"思"与"练"的结合,通过补救性的训练来解决存在问题,从而落实教学目标,在教学中取得了较好的效果。

本案例中,第一次的教学设计就是事先对学生的学习基础和学情没有深入地了解，造成课堂教学气氛沉闷，学生学习兴趣不浓。

2．注意单元知识和技能目标的整合

这一单元的内容都是"读儿歌识字学拼音"，学生已掌握了单韵母以及部分声母，为了让学生能更好地巩固之前所学的知识，熟练运用声母和单韵母拼读音节，采用知识衔接技术重构文本，让单元知识和技能目标进行整合。

如学习声母"j、q、x"这一环节，教师注意到前后知识的衔接，让小朋友想好办法区分"b　d　p　q　g"，孩子们通过自己编儿歌，思维的火花不断地迸发出来，让孩子紧密结合生活，自己不仅学懂了这些声母的读音和写法，还激发了学生的探究意识，并巩固了声母的认知和记忆。

又如学习拼读音节这一环节，教师在学生熟练拼读 j-ī→jī 公鸡的鸡；q-ī→qī 七个的七；x-ī→xī 西瓜的西以及练习了拼读 ü 与 j q x 相拼的音节的基础上，让同桌两个小朋友做找朋友的游戏，让学生把拼音和词语结合起来认读，孩子们通过联系生活组词也能化解难点，加深印象，帮助记忆。再如本单元后面的内容整体认读音节 yuan，对孩子来说是个难点，但是让孩子随便加上四声的哪一声，组个词，就不难了。有的说，我选第三声，望远的远；有的说，我选第四声，过生日时，许愿的愿；我选第一声，冤枉的冤；我选第二声，圆圈的圆。难点很快就化解了。

3．结合学生真实生活，巩固强化知识的应用

（1）拼名字。等拼音学完以后，请孩子们把自己的名字拼出来，把爸爸、妈妈、爷爷、奶奶、外公、外婆等等家里人所有的名字拼出来，还可以把全班同学的名字用拼音拼出来。既巩固了拼音，又让孩子体验了成功。孩子们看到自己的名字、家里人的名字能用拼音拼出来时，体验到了学拼音的成就感。

（2）猜猜看。比如学完了 ao、ou、iu，请几个孩子到前边来，拿出学的这三个韵母的卡片，放在孩子的脑后，让孩子猜是学习的这三个当中的哪一个字母？在猜之前，下面的孩子把今天学的三个字母念一遍作为提示。如果他说对了呢，下面的孩子就冲他竖大拇指，他就可以继续留在前面，如果猜错了呢，就竖小拇指，猜错的孩子要回到自己的座位上去。孩子们都非常喜欢，下课后还经常拿着自制的卡片做着玩，在不知不觉中就巩固了所学知识。

[案例二][1]

平均数的计算

【案例背景】

"平均数的计算"是沪教版五年级第一学期第三单元《统计》中的一个知识。让学生知道在计算平均数时,可能会出现小数,知道计算一组资料的平均数时,不能删去该组资料中的零值资料,并通过观察得出总数变化时平均数计算的方法。它共有三个例题,例1解决平均数可以是小数;例2解决合理列式,是列式的优化;例3解决数据中0值的处理。

【调整一】

探究一:数据资料中有零值资料的平均数。

1. 师:我们很多同学都喜欢到图书馆看书。这是上周每天到学校图书馆借阅图书的人数(课件演示)

学校图书馆上周借阅图书的人数统计表

星期	一	二	三	四	五
人数(人)	46	52	37	23	58

补上"图书馆周一到周五都开放"

2. 出示问题:上周平均每天有多少人到图书馆借阅图书?

3. 独立思考,列出算式。

4. 校对。

(46+52+37+23+58)÷5

=216÷5

=43.2(人)

师:对于"32.8人"这个数据你有什么疑问吗?

生:人数不能是小数。

---

[1] 案例提供者:闸北区第四中心小学　姜钧

师：平均人数表示的不是实际存在的人数，所以可以是小数。

探究二：

1. 出示题目

师：我们来看一下，四位小朋友制作了很多的动物模型。

课件出示：小胖所在小队有6人，每人分别制作了8、7、7、9、6、8个动物模型，这一小队平均每人制作了几个动物模型？

2. 师：说说你是怎么想的？

3. 独立思考列出算式。

4. 学生交流：请不同解答的学生上黑板板演。

方法一：

(2×8+2×7+9+6)÷6

=45÷6

=7.5（个）

方法二：

(8+7+7+9+6+8)÷6

=45÷6

=7.5（个）

比较：你认为谁的方法更好呢？为什么？

5. 小结：求平均数的时候可以根据数的特点用简便方法计算。所以在审题时就要十分注意所给数的特点，根据数的特点进行简便运算。

【分析】

本节课主要学生学习例1、例2，让学生能理解平均数可以使小数并学会算式的优化，在整个教学过程中，学生按照教材的设计思路一步一步进行着，基本能理解教材的设计意图，教学效果较好。但教师发现虽然达到预期的教学效果，但在下一课时中再来讲解零值的处理不合理。这样的教材呈现的顺序有些不符合学生认知的规律，让学生学习的过程中产生思维的跳跃感，知识掌握不够扎实。因此，教师认为需要对教学内容进行重构。

【调整二】

1. 师：这段时间东亚运动会如火如荼的进行着。平均数的问题在赛场上经常出现，下面，我们一起去赛场寻找平均数的问题。

我们来到体操赛场，请看：

2. 出示：参加体操比赛的各国人数统计表：

国家	中国	日本	韩国	蒙古	朝鲜
人数（人）	14	11	9	5	7

平均每个国家有多少人参加体操比赛？

3. 师：猜一猜，大概平均每个国家有多少人参加体操比赛？

生：6、9、10。（教师板书）

师：你为什么猜这个数？

师：平均数处于这组数据的最大值与最小值之间。这些结果都有可能。那到底是多少呢？我们可以通过计算来解答。

4. 学生独立解答，汇报。

生：数量关系是：总人数÷国家数＝平均每个国家的人数

算式是：$(14+11+9+5+7)÷5$

$=46÷5$

$=9.2$（人）

答：平均每个国家有9.2人参加体操比赛。

5. 师：同学们，你们对这个解答有疑问吗？

生：人数不可能是小数！

师：同学们，平均的人数不是实际存在的人数，所以它可以用小数来表示。

（出示：在使用平均数表示人数时，有时可能是小数。）

师：例如我校共有学生491人，平均每个年级有98.2人。

6. 比赛开始了，一位朝鲜男选手在比赛中取得的成绩如下：

项目	自由体操	鞍马	吊环	双杠	跳马	单杠
成绩(分)	8.3	9.2	9	8.8	0	8.5

这名运动员这些项目的平均得分是多少？

7. 学生解答，汇报。

(8.5＋9.2＋9＋8.8＋0＋8.5)÷6   (8.5＋9.2＋9＋8.8＋8.5)÷5

＝43.8÷6   ＝43.8÷5

＝7.3(分)   ＝8.76(分)

师：小组讨论：哪种方法是错误的？错在哪里？

8. 讨论回答。

生：第 2 种是错误的，跳马比赛虽然得到的是 0 分，但也是运动员的成绩，必须把它计算在总分内，一共是 6 个比赛项目，要除以 6 而不是 5。

师：说得真不错。计算一组数据的平均值，不能删除该组数据中的零值数据，零值数据也要作为数据进行计算。

还有同学有不同的做法吗？

生：(8.5＋9.2＋9＋8.8＋8.5)÷6

＝43.8÷6

＝7.3(分)

师：你是怎么想的？

生：任何数加 0 还等于任何数，所以 0 可以不加。

师：在计算中可以不加 0，但在项目中要把它算上。

出示：在计算一组数据的平均数时，这组数据中的所有数(包括 0)都要参加计算。

【分析】

在第二次教学过程中，教师重构教材，利用知识衔接技术调整 3 个例题的教学顺序，并通过学生比较容易理解的、贴近他们的生活的分数来进行教学，使他们在掌握平均数计算方法的基础上比较容易知道就算得了 0 分，这也是他的成绩他的得分,从而知道计算一组资料的平均数时,不能删去该组资料中的零值资料,降低了学生的思维难度。让学生在第一课时全面学习平均数的计算过程中的一些要点,第二课时在去掌握列式的优化,让学生集中攻克,不要东一榔头西一棒子,产生思维的断层。这样学生掌握知识效果更佳。

两次教学目标达成的比较:

这是平均数计算的三个例题,各有侧重,例1例3让学生掌握解答平均数应用题的方法,例2是列式的一个优化。第一个片段从学生的角度来说,先例1再例2最后例3的教学顺序不符合学生的认知规律,在学习上有种跳跃感。第二个片段对教材进行重构。对平均数的计算这个内容重新进行梳理整合,先让学生学习例1与例3,掌握平均数的基本计算的方法与平均数的特点后,再在此基础上进行列式的优化(例3的教学)。这样的设计使本内容更清晰、更合理、更符合学生的认知规律,学生掌握的效果更好。

【教学反思】

教材在设计的过程中往往是从大人的角度去思考问题,想的很多,考虑的也很全面,但往往会忽略孩子的需要,怎样的教材呈现形式更适应孩子的需要呢?这时,就需要我们教师根据教材的特征运用知识衔接技术去合理调整教材内容呈现的先后顺序,让学生更容易理解、接受、掌握,达成目标度更高。我们教师要尊重学生的主体地位,让他们成为自己学习的主人。

1. 符合学生认知规律

学生的年龄、心理特征都影响学生的认知,他们的认知都是由浅入深、由已知到未知,而且知识间的环环相扣更让学生便于理解、掌握。教师要找出知识点之间的联系,架设知识的桥梁,让学生一步一步理解,达到掌握运用的效果。

2. 符合知识的延展性

知识与知识之间有一定的连续性,教材的设计也有一定的逻辑性,我们在重构文本的时候,不能拉到篮里的都是菜,要严格筛选、仔细斟酌,要挖掘知识点的内涵,建立知识间的联系,使它符合知识的发展与延续,让学生容易接受。

本章参考文献

1.《"支架"理论下小学英语语篇教学活动设计探究》,章春艳,广西教育,2012

2.《小学语文低、中、高年级段的阶段性教学重点及其衔接问题》,孟令全

3.《开发和利用语文课程资源的技能》,刘咏春

4.《创造性:语文教材文本的使用策略》,王新伟,教育探索与实践,2012

5.《比较解读文本,促进中小衔接》,伏荣超,教学研究,2011

跨科素材之嫁接
——技术 8：文本统整

　　针对不同学科教学内容的重复呈现，以不同学科共同设计的主题为线索，通过整理、组合等方法，帮助学生构建与主题相关的知识网络，促进学生对主题的完整理解和研究。

随着课改的深化,打破学科之间的壁垒,根据学生全面发展的需求,将所有学科根据学生成长的发展资源进行统整,从而使得学习过程成为一个整体的促进学生身心发展的有机系统,这已经成为学校教学的重要课题。为此,提高学科统整教学,就成为教师教学的一个新的任务。而文本统整教学,就在于更好地促进跨学科教学,更好地关照学生的全面发展。

价 值 与 意 义

21世纪是科学技术迅猛发展的时代,也是教育剧烈变革的年代。社会的变革要求学校在教学方面做出迅速的反映,其中教学改革是重头戏,教材改革是教育教学改革的重要内容,是实现人才培养目标的主渠道,是保证教育教学质量的关键环节。

一、文本统整技术适用于各个学科

在不断推进与发展素质教育的今天,文本统整思想的提出是十分必要的。各学科之间是相互渗透,通过文本统整不仅能提高学生各方面的素质与能力,同时也避免了教育教学中的重复性与单一性。特别是随着教育改革的不断深入,学生创新意识与创造力的培养成为教学改革的核心,而课程整合化又是当前课程改革的重要趋势之一。课程整合化有助于克服当前小学课程比较偏重知识的单一性、不同学科之间分科性较强、内容重叠和交叉等弊端。时代要求新时期的社会成员具备综合运用知识的能力,这就决定单学科教学已不能满足社会发展的需求,而要求不同的学科之间相互渗透、相互交叉。因此,在教学中,以本学科的教学为中心,把几个相关学科综合起来加以思考,从不同的角度去解决教学问题,从而使各门学科相互协调,相互渗透。

二、文本统整是综合型教师的必备素质

教学过程是教师和学生教学相长的动态过程,具有社会组成的基本特征,因而一些学者认为课堂教学环境就是一种社会环境,即课堂教学环境是一种特殊的社会环境。这种特殊性的表现为:第一,教学环境具有强制性与规范性,第二,道德角色及其关系具有特殊性。在这种特殊的环境中,教师到底扮演什么样的角色,如何能使学生成为自己的主人,笔者认为教师在这种特殊的环境中,要扮演好两个主要角色:课堂的道德角色和课堂的知识引导角色。其中,教材作为服务于教学的材料和工具,教师又作为教材的研究者和使用者,如何有效使用教材,发挥自身的道德角色和知识引导角色,是当前综合型教师必备的素质之一。教师只有创造性地使用教材,会用教材教,会整合教材的使用才能被称之为综合型教师。

操 作 与 设 计

统整,是教师创造性地使用教材的一种策略。教师可以根据教学的需要,自由、灵活地整合多种资源,拓宽教学领域,提升学生素养,但是在某种程度上也给文本的整合增加了难度。教师要根据学生的年龄特点、教材的特点,对教材应进行文本细读,使用文本统整策略来进行文本重构。如何有创意地整合教材,有效实现文本对学生的引领,是众多教师不懈的追求。

一、文本的调整和组合

无论是文本还是教学技能的统整,一切都应从学生的实际出发,根据学生的认知水平和学生理解能力进行有效的统整,促进教学效果的最优化。

1. 跨学科文本内容的整合

不难发现,在日常的教学中,有时会出现这样的情况:不同的学科会包含相同的内容,或者是在不同学科的学习中,会运用到相同的知识内容,但是学习过程和内容都是"蜻蜓点水",教师重复教学,学生重复学习,这既浪费了学生的学习时间,又降低了学生的学习效率。因此,教师通过设计综合实践活动,整合各学科教学资源,创建"开放式"的课堂结构,使学科之间达到互补,让学生学习方式更优化,获得的知识更趋于完整,让学生能把书本知识从学科课堂内学到的本领综合运用于现实生活,从而提高学生的综合学习能力。

例如,在教学四年级第一学期第一单元"保持健康"中《饮食与健康》这一课时,教师围绕"怎样合理搭配食物,才能获取均衡的营养呢?"这一问题,课件出示均衡膳食"宝塔"图,想让学生通过认真观察,从图中得到一些信息,在交流的基础上,再让同桌讨论:"宝塔"中哪类食物能给我们提供能量？哪类食物能支持我们的生长发育？哪类食物能使我们保持健康？原本以为会是学生很感兴趣的问题,学生会踊跃发言,没想到学生没有进行观察,却能轻松地回答这些问题,使本节课不能发挥很好的作用,部分学生注意力分散,还有个别学生竟然说:"这个,我们早就学过了。"什么？学过了？再学一遍吗？

为什么学生会对"膳食宝塔"这一知识内容不感兴趣呢？课后,笔者进行了一番调查和了解。"膳食宝塔"这一内容的学习在很多学科中都出现过,如,品社学科中,二年级第二学期第二单元第三课《吃出健康来》的教学内容,就是通过膳食宝塔指导大家合理饮食。三年级的探究学科中,在《食物营养小专家》这一主题的活动——"你的饮食搭配合理吗",也同样出现了"膳食宝塔"的图片,让学生知道健康的饮食搭配方法。四年级第一学期,自然学科中又出现了。类似的情况也在其他学科中有发生。如何将学生所学的知识能有效地整合起来,避免重复教学,笔者想采用文本重构技术中——文本统整技术,通过对品社、探究、自然等学科进行教学内容整合,来设计有效的综合实践活动,淡化学科界限,让教学更有效。

为了能综合各学科的教学资源,提高教学效率。在教学之前,教师先向有关教师了解了不同学科中,有关"膳食宝塔"的教学内容及各学科的教学要求,设计有效的综合实践活动,避免重复。课堂上,教师彻底淡化学科界限,实行整体设计,让活动能引起学生的兴趣,能采用多学科的学习技能来解决生活中真正遇到的问题,能真正为学生生活所用。

2. 跨年段教学内容的整合

随着知识容量的不断增多,学生年级的逐渐增高,尤其是小学中高年级学生,各知识点在他们脑中呈现的状态是比较零乱的,因此在教学的时候,我们对所出现过的相同的知识点进行系统的梳理,形成系统完整的知识链,帮助学生将已学的知识建构,逐步提高学生的综合运用能力。

如在进行五年级的英语《Project 4 Visiting a museum》这一教学内容时,教师就可以将五上《Project 4 Visiting a fire station》的内容进行有效的整合,让学生进行相仿的句式的训练:We will visit _____.It is _____ (where). We want to go there at _____ (when). We can see _____ (what).这样既可以

提高学生学习的积极性,也让学生了解了只要碰到类似的参观的内容,就应该用哪些常用的句式进行介绍。

二、单元主题的整合

所谓"单元主题整合",事实上是指在小学各个学科的教学中实施的一种单元整体备课、教学的理念与意识。也就是以单元主题为依托,在整合教科书的内容的基础上,链接的丰富课外课程资源,进行单元整体备课、教学。与平常的教学相比,单元主题教学更加着眼于学生的整体性、综合性、实践性,更强调课程资源的整合与生成。这就要求教师改变教学策略,考虑教学资源的利用和开发问题,特别要注意教科书同一主题下各部分内容的联系,实施主题鲜明,课堂开放的教学。

1. 同一主题跨学科文本整合教学

在日常的教学中,教师更多地是关注自己所教课程的内容,而对于其他的课程内容了解甚少。可是当我们认真地去研读学生的所有学材时,不难发现有些课程之间还是存在着一定的内在联系,甚至有的主题是相同的。对于这些课程,如果孤立地进行教学,有可能不一定达到较好的教学效果。因此针对这些同一主题的内容教师不妨将它们进行有效的整合,以此达到教学效果的最优化。

单元之间的调整主要是根据学生的认知特点,根据文章结构特点对单元的内容安排进行重新调整,使之更有利于学生知识的掌握。

如在教学《黄河颂》这篇课文时,教师邀请了不同学科教师参与这次主题单元的教学,这其中有语文、社会、音乐、美术等学科教师,大家一起围绕同一主题进行教学。这不仅打破了以往的教学方式,同时通过各位教师的互相听课,让其他任课教师对本学科有了更多的了解,这就更有利于教学任务的完成。同时打破以往的常规化教学,还能激发学生的创新精神与创新思维的发展,激发了学生学习知识的积极性,同时在这过程中学生学习的能力得到了有效的提高。

在开始进行这一教学时,所有相关的任课教师先就同一主题找出相关的内容。例如,在《黄河颂》这篇文章除了语文学科的相关内容外,音乐学科中就有相关主题的歌曲《黄河大合唱》,品社学科中《我的母亲河》等。在确定了相关的内容后,在专家的引领下进行集体备课。通过教师间的横向联系与沟通,了解各学科中围绕这一主题,学生所能掌握知识的程度与内容,反复斟酌定稿。语文教学排在了最后,通过前面几节课的学习,学生了解了黄河的重要性,再由音乐教师通过《黄河大合唱》的教学,让学生在音乐的熏陶中,感受到黄河的气势雄伟,体会出歌曲所表达的情感。在掌握黄河相关知识的基础上,学生对"为什么曲作者以黄河为题创作?为什么把黄河比做我们的母亲河?"等有了进一步的了解,在此基础上进行诗歌的教学,学生就有感而发。这都初步显示出我们进行跨学科整合教学的效果。

不难发现,围绕单元主题内容进行教学,不仅可以减轻学生学习的负担,更能在系统的学习中,激发他们学习的积极性与创造性。同时,在这样的主题式教学过程中,教师也体会到了合作学习、合作教学、资源共享给自己的教学带来的收益。

2. 同一主题在单元中的文本整合

自新课程实验以来,以主题组织单元的设计已经成为教科书编排的一个新取向。这种围绕某一主题组织相关内容的设计突破了以往教科书结构体系的封闭、零散和乏味,富有吸引学生参与的魅力。这种设计,也对教师的教学提出了新的要求。与单篇备课教学相比,主题单元教学着眼于学习的整体性、综合性、实践性,更强调课程资源的整合与生成。这就要求我们改变教学策略,考虑教学资源的利用与开发问题,变以往的教教材为用教材。既注意教科书同一主题下各部分内容的相互支持,也注意联系以往学过的内容,联系学生的经验世界和沸腾的现实生活,实施灵活而开放的教学。

(1) 抓内部联系点充分利用教材资源让同一主题下的各部分内容相互支持互为资源形成合力。

系统论认为有结构的整体大于部分之和。以主题组织在一起的单元教学内容本身就是一个有内在勾连和巨大张力的系统,我们应该充分利用教科书的这一优势,树立整体教学观,通盘考虑整体设计深刻认识并合理运用同一主题下各部分内容之间的内在联系,让它们相互支持互为资源,让每一部分内容的教学成为单元教学构成中的一个点,这个点在结构中既承前又启后,与系统中的其他点组合起来发挥超越自身强大的整体力量。

(2) 找内外联结点积极开发教学资源加强主题内容与学生经验世界和现实生活的联系。

以主题组织内容的编排方式不但有利于加强单元内部内容的勾连,便于充分利用教学资源,更为基础性、结构性的教学内容与生发性内容的联结提供了可能。所以我们还应根据教学需要,扩展主题内容,努力开发教学资源加强主题内容与学生经验世界和现实生活的联系,真正实现在生活中、实践中学语文。

三、教学资源的整合

新课程改革明确提出了课程资源的概念,课程资源的开发利用是将课程从规定性、统一性,进入到变通性、综合性的桥梁,是对课程预留空间的丰富和补充。而我们在教学中发现,现有的小学教材之间有着一定的关联性、互补性,同时各个教材又具有开放性的特质。因此,教师如果能有效地利用课程资源,使学生将所学的知识进行有效的融会贯通,广泛地接触和了解社会,利用各种资源,将利于课程目标的实现。在教师的日常教学过程中,不能只是凭借教师用一本书、一张嘴、一支粉笔照本宣科地看图讲述了。因此,整合和开发具有本校本地特色的课程资源,拓展课程教学空间,增强课堂教学信息量,能增强教学的针对性和实效性,提高课堂教学效率。

1. 跨学科教学技能的有效整合

教材体系的构建往往是教材编写者根据课程目标,综合考虑学科知识的逻辑顺序、学生的认识顺序和心理发展顺序而形成的。在这一过程中,我们往往发现学生由于缺少某一技能,造成教师在教学的过程中教学目标未能有效的达成。而有效的整合其他学科中的技能,学生学得轻松愉悦,教学能够达到事半功倍的效果。因此,教师只有在深入了解学生学情、全面把握教材编写体系的基础上,合理调整教材体系,促使学生积极主动地建构知识,全面实现课程目标。

如《折尺》是五年级劳动技术课中的一课。本课围绕折尺的制作展开教学活动,知道折尺是根据人对尺的长度有一定限制而设计出来的,从而确定制作折尺的计划。制作中,对折尺木片的连接方式及尺寸标注的方式,都是学生制作中应特别掌握和注意的。我们都知道劳动技术课主要以学生动手制作来提高学生动手能力。但在制作过程中,会发现其课程与很多学科有着密切的关系。而这堂课的折尺制作,与数学有着密切的联系。

第一次的教学时,学生对于找连接点,通过看书基本能了解画交叉线条后,交叉位置是连接点。但是如何画交叉线点,确定精确的连接点,这个难度有点高。教师在设计时没有考虑到,所以出现了确定点的偏移,影响了制作结果。

而在第二次的教学设计时,教师首先让学生确定木片上铆钉穿孔的位置,如何把握好这个穿孔位置,就必须找到两条木板理想的连接点。这时这部分的操作就要求运动到数学的知识,即先确定正方形,再确定正方形的两条对角线,而这两条对角线的交点就是我们铆钉穿孔的正确位置。学生运用直尺,以木板的边缘宽度作为正方形的边长,运用直尺找出其他三条边的确定位置,再连线,形成一个正方形,再以正方形的四个直角对角画线连接(既对角线),这样就很容易找出铆钉穿孔的精确位置。再运用同种方法,以此类推,找到其他3个穿孔的位置。

这个铆钉穿孔的确定环节,只有将制作与数学知识有机的结合在一起,才能更好地完成折尺的制作。就如穿孔位置的确定,如果随便找个点进行穿孔,那么这次折尺的制作,必然不会成功,必然存在很多问题。因此,学科与学科之间,存在着必然的联系。因此,教师在教学中,要特别注意各学科之间的整合作用,这将大大提高我们的教学质量。

2. 信息技术与学科的整合

信息技术与学科教学整合是指将信息技术、信息资源与学科教学有机结合,通过在各学科教学中有效地应用信息技术,促进教学内容呈现方式、学生学习方式、教师教学方式和师生互动方式的变革,为学生创造生动的信息化学习环境,使信息技术成为学生认知、探究和解决问题的工具,培养学生的信息素养及利用信息技术自主探究、解决问题的能力,提高学生学习的效果。

例如,在教学四年级下学期品社学科《多姿多彩的民俗风情》这一课时,为了更好地让学生通过举例说明的方式,阐述中华大地56个民族不同的民俗风情,教师对教材文本、网络资源、学生已有技能进行统整。提供电脑上机环境,采取小组合作形式,围绕"民族的名称、所处地理位置、民俗风情、怎样对待"等主要内容,让学生在提供的各种资源中找寻自己喜欢的少数民族资料,运用三年级时信息课所掌握的技术,以PPT形式加以汇报展示。采取这一方法后,既让学生充满兴趣地关注自己喜欢的民族,深入了解他们的具体习俗,还通过学校网络,观看班级、年级其他同学的PPT,在图文并茂中更多了解其他民族的情况。这样的统整,有利于开阔学生视野,培养全面观察、辨别综合的能力,帮助学生能主动地去学;有利于通过已掌握的技术手段,对信息加以选择、加工,进而通过PPT向他人阐明自己的观点,提高其表达能力。

又如,《王冕学画》是小学语文沪教版(试用本)一年级下册第30课内容。教师在进行第一次教学的时候运用静止的图片,没能有效的达到理解词语的目的。因此,在第二次教学的时候进行的有效的修改,运用多媒体技术,帮助学生理解"清水滴滴、晶莹、滚来滚去"。这样的教学和课件设计,既能顺利突破重点难点,又能使学生掌握学习方法,培养自学能力。学生在学习的过程中,理解、观察、朗读能力均得到了提高。从学生的课堂表现中,我们不难看出,第一次教学只有一小部分学生有兴趣,大部分学生对词语还没有理解,而课件制作使词、句、篇分割,不能有效达成教学目标。而第二次教学中,全班学生都兴趣浓厚,具有动画效果的图画令学生目不转睛,并能很快区分和理解词语,播放满池荷花的录像,创设情境,使学生赏心悦目,配乐朗诵,把学生的情感推向高潮,全情投入,为指导背诵做好充分的准备。

调整与说明

文本统整是一项艰巨的工作,教学中教材版本多、课内外优秀篇目多,所以教师既要广泛阅读又要对良莠不齐的篇目进行甄选,工作量是非常大的,因此教材整合必须要寻找高效的途径来实现。

一、文本统整并非一蹴而就

整合教材,看似容易,其实对教师的业务素质要求很高,真正整合出既符合课标要求,又满足学生学习需要的教学内容,还是很有挑战性的。在这个过程中,有很多问题是必须注意的,否则付出了心血,收获却不一定理想。在教材整合的过程中必须注意以下几点。

1. 教师对教材的再创造,必须是以新课程标准为依据

要真正做到灵活、恰当的处理教材,就应吃透新课程标准,依据教材而又不拘泥于教材,着力于挖掘学生的生活经历和体验,发展学生个性,培养学生能力。对

中高年级的学生,就要围绕课标的基本要求、发展要求和说明,提高广度和深度,一些有争议的问题也可以拿出来和学生探讨,而且可以组织学生展开研究性学习,这样更有利于提高学生的学科素质,培养学生的创新精神和实践能力。

如,《英语课程标准》对教什么、怎么教、教到何种程度等有明确的要求。它是教师教学的主要依据。即以任务型教学为途径,形成性和终结性评价并重;通过英语教学过程培养学生学习兴趣、语言综合运用能力、创新能力和跨文化意识,这些是教师在整合教材时应该牢记的内容。同时以教材为源,教材是教师教学的资源,虽然它不是唯一的资源,但也应该是主要的资源。教师对教材的整合要依据教材的主干思路和体系进行,不能随意切割和破坏这些体系,否则,就可能出现"只见树木不见森林"的状况。把握好教材的重难点,准确确定教材要实现的功能,适当地整合,切勿盲目地套用与教材重难点无关的课外资源。

2. 必须加强教师自身的业务建设

文本统整能力,最能体现一个教师的基本功和教学理念,只有对课标和教材理解透彻,把握准确,并对学生学习情况清楚了解的教师,才会做到目标定位准确、恰当,使之既符合课标的本意,又与学生的学习需求相匹配。

在教材整合中,教师起主导作用。教师要勤学习,多实践,多交流,发挥团队作用。教材整合是教师将共性的东西个性化的过程,这一过程充满了探索和创造,融入了教师个人的气质、知识涵养和能力特长。教材只是教师完成教学目标和教学要求的一个媒介,是教材编写者根据教学大纲或"课程标准"所提出的目标、内容和要求,为方便教师教学而编制的。作为教师,必须认真学习教学目标和教学要求,才能灵活地、创造性地使用好教材。这就需要教师根据自己的教学实际情况,面对自己学生接受知识的实际能力,把教材中每个单元的教学环节加以重新组合,增加或删减教学任务。在新课程理念下,课本不是教学的全部内容,教材是可变的、发展的和开放的。教师只要设置好与教材相关的内容,辅助学生更好地理解所学的知识,注重提出学生感兴趣的话题,让他们由被动的学习变成主动的积极的去感受。适当地进行教材整合,就能比较好地培养学生实际运用语言的能力,也能促进每个学生身心的健康发展,实现主动参与、探究、发展、交流、合作的学习方式,改变过去教学中教师过分依赖教材,过于强调接受学习,死记硬背,机械训练的现象。

3. 在对文本整合的过程中对学生情感、态度、价值观的培养要遵循学生的认知水平,循序渐进,水到渠成

我们非常重视对学生情感、态度、价值观的培养,并且可以说,教师是利用教材,通过对教材的整合,努力在培养学生成为一个有理想有思想的人,努力实现通过学科学习与感悟,培养学生的人文主义精神、优良的人格品质、科学的历史观、开放的世界观等教育目标,力求全面发挥历史教育的育人功能。要实现情感、态度、价值观的教育必须坚持理解知识、提高认识、培养情感的有机结合,这样才能达到潜移默化,实现新课程下情感态度、价值观的德育目标。

二、把握文本统整的原则

教材统整的目的不是统整本身,而是为了学生的发展;其意义也不单是在于创造统整的方法,而更要关注统整背后的推动力量,即满足社会和学生的需求,提升学生的素质。所以统整文本不能随心所欲,不能简单整合,要从学生实际出发,遵循教育规律和原则,在试行的过程中不断总结归纳,从而形成具有一定特色的统整教材。

1. 文本的统整要求树立学科教材改革的整体观

对教材统整前,应该深入学习课程标准,深刻领会课改宗旨,以此作为对教材统整的指导思想,防止统整出现失误。

新课标中明确了语文课程理念,在"拓宽语文学习的渠道,开发语言潜能,全面提高学生的语文素养,增加文化积淀,提升学生的文化品味,逐步形成问题意识,培养研究性学习的能力"诸方面加以拓展、补充、探究,以有助于学生在识字、阅读、写作、口语及综合学习上提高学识和能力为目标,这样的教材统整才能体现以学生为本的要求。

2. 文本的统整要求遵循新教材编写的整体观

课改教材(试用本)采用的是主题单元,就是以生活或文化的某一内容、某一主题为依据进行的单元编排。它体现了人们对课程目标的新认识,基本上实现了学科知识、学生经验、当代社会生活三方面的统一,强调课程"必须面向全体学生,使学生获得基本的语文素养"。不仅阅读的文本增加许多,内容上也要丰富得多,既

包括语言能力,也包括语文学习习惯和方法,还包括知识视野、情感态度、思维品质、文化品味、人文精神等。

如,语文课程标准的主题单元所提倡的是一种"大语文观":强调语文与生活、社会和时代的密切联系,强调在教材注入生活内容与"时代的活水",把学生已有的生活经验引到语文学习中来。这是顺应语文教育发展趋势,适应素质教育、学生成长现实需要的。教师在统整教材时,应充分认识到编写的意图,切不可随意拆散单元,重新组编,单为语文知识的连贯、文体的相同,甚至考试的需要而调整,重回老路,与课标中"汉语知识的学习不求系统"相抵触。

3. 文本的统整要求符合教材内在联系的整体观

现有的语文教材只有以主题组元的阅读教材,再加上一个专项语文实践活动指导性文章和每周一诗,可以统整的内容和范围很广,但无论是阅读、口语,还是写作,统整后的教材应保持内在联系,不失系统性。

新教材刚全面铺开,在试用中会发现不少问题,这正是需要统整的地方。教师在教学过程中,可以不断积累统整的素材,但不能操之过急。仅凭自己的理解去重组教材,往往是机械式的,不成系统。一份统整的教材应该经得起实践的检验。只有注意教学的梯度、内容的递进、多元的理解、创新的学习等,并形成一个相对独立的体系,在理论与实践上都有较充分的依据,才可以称之为一份完整的统整教材。

随着课改的不断深入,对教学资源——文本进行统整,是时代赋予教师的历史契机。这种统整,绝不是简单的打乱顺序或随意组合,而是根据学生与教材的实际,独具匠心地整合,实现教育的科学化、艺术化,真正体现教师教学的独创与学生学习的独立!

案 例 举 隅

以上我们通过几个案例片段,呈现了文本统整技术的操作与调整的过程。下面通过三个完整的案例,以期能够全面呈现文本统整技术。

[案例一][1]

"品社课"脱离了学生的生活,该怎么办

【案例背景】

《品德与社会》的新课程重要的一条理念就是"教学生活化"。也就是要关注儿童的现实生活,教育的内容和形式都要贴近学生生活,反映学生需要。然而现在的教学中,多数执教品社学科的是兼职教师,教学中没能从学生的世界出发,没有让学生自己去观察、去感悟。从而造成品社教学脱离学生生活。所以,摆在我们面前的当务之急,就是要回归生活,着眼于学生生命成长,注重学生生命的独特体验,从而提高《品德与社会》课堂教学的实效性。

【调整一】

《饼干从哪里来》是小学品社科教版二年级上册第二单元的第一节课内容。教师根据教参,结合以往教学经验,制定了以下教学目标:

1. 了解饼干及其他食品或用品从生产到运输、销售的大致环节,体会我们享用的每一样物品都是包含了很多行业劳动者的劳动。

2. 能收集、整理并介绍自己课前感兴趣物品的来历。

3. 对农业、工业、运输业、商业等行业的劳动者产生感恩之情。

在上课时,教师主要设计了如下的教学片断:

看课文图片,饼干怎么做出来的。

生:进行交流。

师:出示饼干制作的步骤。

(配料)——(拌料)——(成型)——(烘干)——(包装)

生:齐读。

师:那么饼干最主要的配料是什么呢?

生:小麦。

师:小麦是怎么来的呢?

---

[1] 案例提供者:闸北区第四中心小学　卢依萍

生：是农民伯伯种出来的。

师：他们种小麦辛不辛苦啊？

生齐声回答：辛苦！

师：现在让我们一起来背诵《悯农》。

结果，这节课就这样让学生明白了一包饼干来之不易。学生只是从老师的说教中明白了饼干要经过很多工序才能到我们的手里。也是从老师的理解中感受到了农民种小麦的辛苦。看似这节课的教学目标达成了，但是当老师提出一个问题——你的爸爸妈妈也在辛勤工作，此时你有什么话要对他们说？班级里大部分的同学的回答都是，爸爸妈妈辛苦了！居然没有同学再能说出一点肺腑之言。由此可见，老师只重点介绍了农民种小麦的辛苦，却没有再让学生结合生活实际，深入理解所有的劳动者都是辛苦的，也难怪学生此时"无话可说"。

为什么会出现这种情况呢？最主要是由于教师在教学中，脱离了学生的生活所造成的。这就促使我们反思，作为教师仅仅关注了课本中的知识，没有从学生的实际出发，合理地拓展有效的资源。那么怎样才能将教材内容和学生生活紧密结合起来，进行有效教学呢？

【调整二】

知识的学习上，不能照本宣读，要树立"大教育"的观念，突出"品社"课程的基础性和开放性的特点。教师应当将学生的生活经验作为教学的出发点，根据不同的社会情景和课题，探索和开展多种多样的活动性学习，以儿童的主体活动为主，打破课堂教学的时空界限，注重养成学生的实践能力，将教学过程变成一个富有生命意义的、有益于自我学习和自我教育、有益于群体认知和合作的鲜活的开放系统。

在让学生回家调查父母工作情况的前提下，教师对另一个班的35位学生进行了约10分钟的调查。

调查的问题是：

1. 父母干什么工作？

2. 请父母介绍一下某天的工作情形。

3. 没调查前，是否知道父母工作很辛苦？

调查结果显示：85%的同学不知道父母到底是干什么工作，当然也不能体会到工作的辛苦。还有15%的同学原先以为，父母的工作很轻松，每天对着电脑是件很开心的事。另外，我也从一些学生的口中了解到，父母为了让孩子有个更好的学习条件，原本做一天休一天的工作，现在是每天坚持做着（如超市的理货员、商店的营业员等等）从不休息。

两次教学的区别在于：前者是教师根据教材编排顺序，根据教学内容而进行教学，而后者是在学生调查的前提下，学生对于各行各业"工作辛苦"有了一个初步的认识，所以再来教学《饼干从哪里来》，学生更多了一份感悟。

教学片段：体会劳动者的辛苦

在上课时，我主要设计了如下的教学片断。

媒体出示：饼干怎么做出来的。

说明：通过媒体最直观的将饼干制作过程呈现出来。

师：出示饼干制作的步骤。

（配料）——（拌料）——（成型）——（烘干）——（包装）

师：大家看，做一块饼干需要那么多工序，那么做那么多饼干是不是更辛苦啊？

师：那么饼干最主要的配料是什么呢？

（查看自己带来的饼干，从包装袋上读到什么信息）

生：小麦、盐、糖……（多数学生回答）

师：那么从同学的回答中，发现哪样东西是必须有的？

生：小麦。

（说明：由学生自主探究得出结果，培养学生自己寻找答案的能力）

师：那么小麦是怎么来的呢？

生：是农民伯伯种出来的。

（老师补充介绍小麦生长过程，以及适度出现农民伯伯辛勤付出，才会换来丰收）

师：他们种小麦辛不辛苦啊？

生齐声回答：辛苦！

师：其实我们能吃到一包饼干，不光要感谢农民，要感谢很多人。再看看饼干包装袋,看看产地在哪里？

生：广东、北京、上海、江苏……

师：又是怎样到我们手中的呢？（运输、包装、理货、上架……）

生：需要进行运输。可以乘飞机、坐火车、大巴士……

师：谁的父母搞运输的呢？

生介绍父母搞运输的辛苦、超市理货的情景……

此时，班级里沸腾了，同学们通过饼干这个小小的载体，纷纷说了自己父母在工作中的辛苦。

师：此时，你有什么话要对这些劳动者说呢？

学生们畅所欲言，不仅要感谢书中提到过的人物，也能结合课前了解到父母工作的辛苦，感谢父母的，有的也表达了不要浪费粮食、尊重别人劳动成果的意思。从以上案例，不难看出，根据学生的生活实际制定教学内容，使得学生更容易接受，更能将所学知识进行内化。

【教学反思】

这个案例告诉我们什么呢？对一般的教师来说，这一案例的产生和问题解决过程具有怎样的启示意义呢？

1. 在教学中实施生活实践情境

在课堂上实施生活实践情境就是将现实的生活环境，移入课堂，把教材中相对静止的内容变成动态的生活，对学生进行"润物细无声"的教育。能充分发挥学生动脑、动口、动手，在生动活泼的活动中体验、感悟，获得道德认识、情感、行为的发展。从"说教"走向"体验"，才是品社课的必由之路。

2. 在教学中实施媒体再现

品社课的教学内容具有理论性强、概念多等特点，如果采用一般的教学手段，达不到应有的教学效果。在课堂上实施媒体再现，通过屏幕，展现生动鲜活的画面，优化了课堂结构，使教学密度加大，提高教学的直观性，从而提高课堂教学效果。但是我们也应该注意，在使用媒体再现教学策略的过程中，不要把过于血腥、暴力等不适合少年儿童观看的内容给他们看。

[案例二][1]

多种资源的有效运用
(三年级音乐课《黄昏》的教学案例)

【案例背景】

在日常的音乐教学中,老师往往根据教参中的要求进行教学目标的制定和实施。学生在学习的过程中往往显示出缺乏主动性和积极性。因此在这课的设计中,把学生已有的学习能力和课堂学习紧密的结合,发挥学生的个性特长,让学生即时分享了自己的音乐成果,大大激发学生学习的积极性。

【调整一】

新课学习:表演《美丽黄昏》

1. 导入:黄昏的晚霞美吗?请小朋友听一听音乐是怎样来表现的呢?

2. 听录音——学生谈感受——听音乐,学生说说是几拍子的?——放音乐——学生试拍——师生随着音乐一起拍打。

3. 引导学生用动作即兴表演。

4. 跟着录音轻唱。

5. 说说表现的意境和情绪有什么不同?

6. 轮唱。

7. 选择三角铁、串铃、小鼓、双响筒在"叮咚"处伴奏。

在第一次研读教材和课标后,教师将本课的教学重点落在了通过演唱歌曲让学生感受乐曲优美抒情的情绪,并学会用二声部的形式歌唱。可是教学后发现,这种单一的教学策略容易分神学生的注意力,激发不了学生的学习兴趣,学生在反复几次演唱后对于歌曲缺乏兴趣,教学效率比较低。

【调整二】

一、唱歌曲《黄昏》

(一) 学唱旋律

---

[1] 案例提供者:闸北区第四中心小学　陈惠燕

1. 找熟悉的旋律,吹吹,唱唱。

2. 口风琴与口琴共同吹奏旋律。

3. 学生自学旋律,用自己的喜欢的方式学唱歌曲。

(二) 学唱歌词

1. 按节奏念歌词。

2. 初步演唱歌曲。

3. 观看黄昏的美景。

4. 用优美的歌声演唱。

5. 加上不同的力度记号再次演唱。

6. 男女生分别演唱。

二、拓展:夏天的夜晚

夏天的夜晚,四周静悄悄的,只有池塘里的小青蛙还在呱呱呱地叫着。突然一阵风吹来,把树上的叶子吹得沙沙响。挂在窗上的风铃也被吹得叮叮当当地响了起来,把躺在床上的小宝宝也吵醒了。妈妈赶紧抱起了小宝宝唱起了摇篮曲。

过了一会儿,四周又安静下来了。这时候,河对岸出现了很多的小亮点,让我们划着小船去看一看吧。

原来是许多的萤火虫在飞来飞去。

要求:让学生用生活中的各种道具来模仿夏天的夜晚的各种不同声音。

在第二次对教材的深入解读后,教师又重新进行了教学的设计,将目标定为欣赏歌曲《黄昏》,初步感知歌曲的情绪;乐于与同伴一起表演歌曲中不同个性的音乐形象,初步体验音乐创作的快乐。运用听、唱、奏和即兴表演等多种方式,在游戏、合作中开展音乐学习,演唱歌曲。在这课的设计中把学生课堂中学习的知识灵活地运用到实践中,发挥学生的个性特长,让学生即时分享了自己的音乐成果,大大激发学生学习的积极性。教学后,学生通过各种形式的演唱领悟到了歌曲《黄昏》所要表达的意境,学生的学习兴趣高涨。

两次教学后教学目标的达成的比较:

两次教学的最大区别在于:第一次老师注重对学生的演唱的指导,教学的形式比较单一。而第二次的教学中,老师以学生为主体,在充分了解学生原有的基础上,让学生通过已有的学习能力去学习新知,激发了学生的学习兴趣,成为了课堂的主人。

目标达成的状况：

内容	一次	二次
学习的任务	学会用二声部的形式演唱歌曲,并且感受乐曲的优美的意境。	通过各种形式的表演唱,及多媒体技术让学生感受到乐曲所要表达的优美的意境。
学生学习中的表现	学生对于学习的内容属于被动的接受,缺乏学习的主动性。	学生课堂学习的积极性较高,课堂气氛活跃。
教学目标的达成情况	因为教学形式的单一,学生只是在老师的指挥帮助下进行学习。	因为课前对学生的学习能力有了一定的了解,教学中通过各种不同乐器的演奏、同学间的互帮互学,了解了我们生活中处处有音乐,激发了学生对音乐的喜爱之情。

【教学反思】

1. 不同的教学形式中感受节奏的特点

在本节课的教学中,三拍子歌曲的旋律是教学的重难点。为了帮助学生掌握节奏,一开始老师让学生用不同的形式表达三拍子的特点:如判断曲子的节奏特点;用动作表示三拍子的节奏;用学生喜欢的乐器口琴自学歌曲的旋律。在熟悉了节奏的基础上让学生有节奏的朗读歌词。我们知道三年级的学生已经掌握了一定的语文朗读能力,在本节课的教学中老师在学生掌握节奏的基础上,让学生将已有的朗读能力和音乐结合在一起,通过这样的教学学生对于这首歌曲的节奏有了深刻的了解。

2. 多样的资源整合中领悟歌曲的意境

《黄昏》这首乐曲描写的是傍晚时分的美景,通过演唱让学生领悟歌曲的意境。为了帮助学生感受歌曲所要表达的内容,老师及时的给予黄昏美景的相关视频的补充,先让学生欣赏一幅幅景色优美的黄昏图,从视觉上给予学生以美的享受,同时又激发学生的联想,想象在这优美的黄昏夜会发生什么事情,激发学生对乐曲的喜爱之情。

紧接着再出示了一段描写夏天傍晚的文章,让学生用生活中的各种道具来模仿夏天的夜晚的各种不同声音。我们在自然常识课堂中已经了解到了不同的物品会发出不一样的声音,课堂中让学生根据相关内容拿出自己找到的表达不同声音的物品,如学生有的拿出了自己家中的垃圾袋、有的拿出了风铃、有的拿出了刮奏器等等。就是这样的看看、找找、演演中学生对黄昏这首歌曲有了更深的理解,学生在演唱的时候自然而然将对黄昏的美景的喜爱之情溶于歌曲之中,达到了水到渠成的效果。

[案例三][1]

整合学科技能　提高美术技能

【案例背景】

在日常的美术教学中,为了扩大学生的知识面,给学生欣赏大量的范例是必须的。但是教材中欣赏的范例有限,这就需要老师根据教参中的要求,上网收集大量相关图片,这样就能避免学生在学习的过程中缺乏主动性和积极性,克服学习中的畏难情绪,大大激发学生学习的积极性,展现学生的个性特长,让每位学生都有长足的进步。

【调整一】

新课学习:《向日葵》

新授导入:每人各自在老师的引导下独自观察照片。

思考:

向日葵是由哪几部分组成的?

它的各个组成部分是什么形状的?

……

作业要求:

每人在圆形的大圆盘四周添加花瓣,用儿童画方式完成作品。

---

[1] 案例提供者:闸北区第四中心小学　唐维群

学生作业,教师巡视辅导。

在第一次的教学活动时,教师将本课的教学重点落在对单张图片的观察上,只注重了"向日葵的各个组成部分"和"大致形状的了解"后,学生再进行绘画。可是教学后发现,这种单一的教学策略激发不了学生的学习的兴趣,学生的作业都很相似,教学效率比较低。

【调整二】

新课学习:《向日葵》

一、新授导入:

每人尝试画记忆中的向日葵。

教师展示一些作品,让学生说说谁画得更形象、逼真?

师生再来欣赏大量的实物图片,分组讨论:向日葵的组成。

请组内学生用合适的形状来描述向日葵的花朵部分。

……

二、作业要求:

学生用剪贴的方法制作向日葵。

分组讨论:如何快速剪出向日葵的花心、花瓣。

师生交流,反馈。

生归纳可用"对称剪"方法后,师范花瓣的折法和剪法。

生分工剪向日葵的花心、花瓣。

分组讨论:如何又快又好的组合向日葵的花心与花瓣。

师生交流,反馈。

生观看一组图片后归纳方法:上下+左右+两次斜角

生分工粘合日葵的花心、花瓣。

教师第二次对教材重新深入解读,重新进行教学设计,将信息技术与美术学科相整合,将所需要的向日葵图片在INTERNET中进行搜索,挑选出合适的图片,进行多张画面的欣赏感知,通过对不同角度、造型花朵的详细认知,初步掌握欣赏的技巧,从中体验出欣赏的快乐。有了这个铺垫后,在学生作业时教师采用了两人合作剪贴的方法进行创作,让学生把刚才所领悟的花朵大胆表现出来,大大激发学生学习的积极性。教学后,由于每位学生对向日葵的感知各不相同,因此向日葵的姿态各不相同,花瓣排列的方法也不相同,因此学生的学习兴趣和热情空前高涨。

三、两次教学后教学目标的达成的比较

两次教学的最大区别在于:第一次老师只注重对单张照片的观察,学生单独完成绘画作品,作业相似度较高,教学的形式比较单一,教学效果也一般。而第二次的教学,老师以学生为主体,借助大量的图片帮助学生理解向日葵多种姿态的组成,激发了学生的学习兴趣,让学生在原有的基础上通过合作,取长补短地进行向日葵的创作,运用已有的能力去学习新本领,得到了长足的进步,成为了课堂的主人。

目标达成的状况:

差异点	第一次	第二次
差异一 观察方法	每人各自在老师的引导下独自观察、思考: 向日葵是由哪几部分组成的? 它的各个组成部分是什么形状? ……	每人尝试画记忆中的向日葵。 教师展示几张作品,让学生说说谁画得更形象、逼真? 师生再来欣赏实物图片,分组讨论:向日葵的组成。 请组内学生用合适的形状来描述向日葵的花朵部分。
差异二 绘画方法	每人在圆形的大圆盘四周添加花瓣,用儿童画方式完成作品。 学生作业,教师巡视辅导。	学生用剪贴的方法制作向日葵。 分组讨论:如何快速剪出向日葵的花心、花瓣。 师生交流,反馈。 生归纳可用"对称剪"方法后,师范花瓣的折法和剪法。 生分工剪向日葵的花心、花瓣。 分组讨论:如何又快又好的组合向日葵的花心与花瓣。 师生交流,反馈。 生观看一组图片后归纳方法:上下＋左右＋两次斜角 生分工粘合向日葵的花心、花瓣。

【教学反思】

正是由于教师把美术学科和信息技术相结合,才有了变化较大的两份教案,因此教师在设计教案时必须重点考虑以下几个方面：

1. 重新编排教学内容以激发学生学习的强烈兴趣

学生认识事物存在一定的规律，总是从直观到抽象，从感性认识上升到理性认识，所以在课堂教学设计时一定要从学生的心理特点和认识规律出发，一定要符合学生的年龄特点和学习规律，借助信息技术手段，借助 INTERNET 互联网这一优势，选择相关的、合适的、大量的图片，让学生学会欣赏，懂得如何欣赏，一旦学会了欣赏，学生内在"想要表现的兴趣就被激发起来了"，学生立马就成为"主动学习的求知者"了。

2. 在平凡朴实的美术基本技能训练中表现美

随着信息技术的迅猛发展，信息技术与美术课堂教学也越来越密切，但合理适度地使用才是正道。每堂 35 分钟的美术课，美术技能训练为 20～25 分钟才是最适宜的，因此如何取舍教学内容，合理安排教学环节尤为重要。巧用多种作业形式，简化教师的教，增加学生们的自我体验、讨论、合作作业，既可以缩小学生间的相互差异，又可以提高作业质量，在循序渐进、潜移默化中，逐步再从合作走向独立作业。

3. 多样的资源整合中因材施教、因势利导

因材施教，因势利导是促进学生创新的关键。创新是美术教学的灵魂，艺术贵在创新。在每位学生身上，都有创新意识，但大多都处于潜伏状态。只有教师借助信息技术，不断刺激、诱导，不停挖掘，才会得以生长，才能得以发展。只有较少数学生的创新精神比较明显，比较突出，善于表现在其作品之中。因此，教师要注重难易图片的比较，不断训练和培养学生提高观察能力，在教学设计时注意分层作业，鼓励学生充分发挥其创造力和想象力，拒绝雷同，重创新轻技能，养成学生鲜明的艺术个性和创造素养。

本章参考文献

1.《探索小学〈品德与社会〉课程的新思路》，高峡等，中国教育学刊，2003
2.《让综合实践活动课儿童化》，邹锡英，小学时代教师，2012

3.《多媒体教学在农村小学〈品德与社会〉课堂教学中的应用》,类新,教育策划与管理,2012

4.《论学科整合对信息技术学科的影响》,吴洁,中学教学参考,2014

5.《浅谈利用多媒体优化小学数学教学》,王树莉,飞,2014

6.《信息技术与学科教学的有效整合初探》,石太山,信息教研周刊,2011

课题研究之支撑
——后论

  学校在文本重构的行动研究中,以制度统领课题管理过程,以机制促进教师素养提升,保障了课题研究的顺利推进。

我们的实践和探索都伴随着上海市教育学会课题"基于小学生理解的文本重构研究"而展开。在整个研究设计中,我们在课题首席负责人的带领下,以实际教学过程中学生个体间的差异造成学生群体对同一教材的不适应为切入口,对现有教材进行文本重构技术的研究、指导、提炼和总结。这一过程,伴随着课题研究在管理上的推进,伴随着教师专业成长在素养上的提升,伴随着促进课题研究顺利开展的保障建构;这个过程,印证了学校在教育科研中不断提高的足迹,彰显出教育科研打造学校"领跑者文化"的特质,从整体促进了学校的内涵式发展。

以制度落实统领课题管理过程

从课题设计到确立,学校始终严格按照科研管理制度来开展课题的设计和研究,以实现我们研究的基本目标,即通过三年的实践,在原有的学校科研氛围、制度、运行的研究体系的基础上,探索一种更为具体、综合的教师培养机制。同时以学校总课题"基于小学生理解的文本重构研究"为引领,将前期的研究成果进一步融入到学校整体转型和品质提升之中,形成更加综合、具体的实践效应,并在此基础上出版相关著作。

一、落实制度形成目标与举措

研究和实践的主要举措,关系到研究的最后成果。因此,我们在建立健全科研方面的一系列制度的基础上,积极落实制度要求,确保研究工作顺利开展。

1. 抓实已有制度,鼓励大胆实践、潜心研究

依照科研管理制度,通过网络管理,及时推广已有科研成果,同时鼓励教师大胆实践,潜心研究。

一是成立科研管理机构,形成课题四级管理网络。课题研究之始,学校就成立了"校长室—科研室—课题组—研究教师"四位一体的科研管理网络。

二是深化原有课题资源的再利用。以学校"小学'导—练—悟'教学模式研究"和总支"小学课堂教学微观技术丛书"中关于课堂教学之导入、过渡、板书、对话、观察、巡视、强化、情境创设、问题管理等具体环节所提供的研究成果,积极地在课堂中进行有效运用。

三是开发文本重构的技术。鼓励教师转变文本重构的视角,大胆尝试优化文本重构的技术。通过开发,目前在课堂上教师能充分灵活运用文本增盈技术、思维台阶技术、思维显性技术、分层引领技术、衍生学习技术、价值生成技术、文本衔接技术、文本统整技术等八种文本重构的技术。

2. 抓牢课堂教学,促进质量提升、学生发展

科研与教研相结合制度,是学校科研制度中的一个重要内容。因此我们依照制度要求,牢牢抓住课堂,搭设平台,完善日常工作,来促进教学质量的提升、科研水平的提升,促进学生的发展。

（1）通过三个平台促进教师稳步发展。

完善学习平台。要求教师保持一种积极的学习状态,认识到自身发展与学生成长的密切关系,借助学习不断更新教育观,更新知识结构。精选学习内容,开展多种形式的学习：倡导个体自悟学习、群体合作学习、骨干辅助学习相结合的学习方式,促进教师教学能力的提升和教育智慧的生成。

夯实研讨平台。第一是召开科研例会。科研例会是教师做真学问,求真学问的另一个教学科研平台。它主要结合教师开展专题研究的情况开展。每次例会前要求教师提前做好课题研究情况的发言准备,主要是研究教师汇报本月课题研究的重点,研究进度,取得的效果和遇到的困惑,并通过教师彼此间对课题研究的交流达到相互启发帮助教师不断寻找课题研究的新发展点、生长点,督促教师每天都要带着课题研究进课堂,有利于增强课题研究的实效性。

第二是网上沙龙。"科研沙龙"是教师之间呈现自己的思想和智慧,在宽松、愉悦的氛围中互动对话的一个平台。学校利用校园网,将科研沙龙活动延伸到网络平台上。它比往常的座谈式的交流更加频繁、快捷、高效,更重要的是它拓展了教师交流的时间和空间,形成了相互启发思考,相互滋养智慧的互动式的学习和交流氛围。

第三是聚合式与散点式的教研活动。日常教研组的散点式教研活动和整个学科大组的聚合式教研融合起来,让各教研组长参与到其它年级的课题研究中去,为今后自己教相关年级时奠定基础。散点式教研与聚合式教研的融合,沟通不同年段的研究,促进组与组之间对他人研究的了解,不断深化原有研究资源。

(2) 以科研的日常化来促进质量提升。

学校开展"文本重构的研究"的根本目的之一就是借助日常化的教学研究来提升教学的质量。学校学生多为普通老百姓子女,生源一般,要提高质量不能靠拼时间、拼体力,而是要"拼智慧"。学校要依靠研究,依靠改变课堂教学方式,改变学生的学习方式,帮助教师提高教学质量,帮助学生在理解的基础上掌握知识并能灵活运用。

3. 抓住年度目标,促进措施落实、有序推进

科研制度的规范落实,就是要通过确立分年度目标,制定出相关措施,确保课题的有序推进。

在2011—2013学年中,学校围绕着课题研究,精心确立了每一年度的研究目标,并制定了具有针对性的教学实践措施。

(1) 2011学年度的目标与相关措施。

学校反思现有发展状态,形成新的发展目标,全面启动科研课题。成立科研管理机构,形成"校长室—科研室—课题组—研究教师"四位一体的科研管理网络,初步完成八大技术的教师培训工作。

与之相匹配的教学实践措施则有以下四条。

第一,做好"基于小学生理解的文本重构研究"的研究起步的基础性工作,并且努力申报为上海市市级课题。

第二,完善"基于小学生理解的文本重构研究"此课题与之匹配案例与视频资料的收集、整理工作。

第三,成立科研中心组,结合每周二的半日视导,定时定点定学科开展科研指导活动。

第四,完善科研课题的常规管理。建立对教师科研工作开展情况的评价指标体系,制定"科研工作开展情况的评价指标",规范教师科研工作的评价体系,并作为教师考核的重要指标之一。

(2) 2012学年度的目标与相关措施。

该课题研究进入第二年,学校在前一年研究的基础上,又对目标和措施进行了进一步提升和细化。这一年是课堂全面实施阶段,力求每个教师都能带着课题进

课堂。重点组织好校级课题的中期结题,编写案例集,进行校级课题结题工作,进行校级评选;健全教师个人科研档案资料袋。

与之相匹配的教学实践措施则有以下五条。

第一,阅读相关资料,通过听、评课了解教师现有文本重构技术的可行性评估。

第二,充分运用三大平台,分析发现各学科根据存在问题,制定相应的措施。

第三,开展相关的文献研究,了解相应学科文本重构实施情况,为本课题研究提供理论依据。

第四,开展教师培训,举行"如何提高文本重构的实效"专题讲座,以提高教师的文本重构的能力。

第五,再次开展调研,对教师的文本重构能力进行新的评估,以及学生对于本课题实施后的反应调查。为本课题的实施提供现实依据。

(3) 2013学年度的目标与相关措施。

学校的文本重构课题进入了第三年,也是出成果的关键年。学校鼓励教师发表研究成果,并创造条件,给教师展示自我的舞台。同时,要求科研团队能够总结科研经验,召开课题研究成果的发布会,扩大影响。抓好课题的结题工作,撰写结题报告,请专家论证,并将三年的研究成果进行汇编。继续保持区科研管理先进集体的光荣称号。

与之相匹配的教学实践措施则有以下五条。

第一,全面总结学校三年科研经验,做好有关"文本重构技术研究"的结题工作。

第二,整理、分析研究实施阶段积累的各种资料、数据,撰写研究报告,并对课题进行反思、总结,对成果进行检验、鉴定。

第三,组织课题研究资料的展示活动,请专家对学校课题的结题工作进行指导、论证,并出版专著。

第四,根据近两年教师科研工作开展情况的评价,结合课题研究的常规管理,评选出本校研究型的优秀教师,使每位教师都能在课题研究中得到自我完善。

第五,继续加强教育科研成果推广及其管理,鼓励教师在教育实践中积极推广、应用已经取得的教育科研成果,使之产生更大效益,进一步提高教育质量,设立

"科研成果推广奖"。对积极推广教育科研成果并取得成绩的集体或个人进行表彰和奖励。

二、落实制度细化进度与内容

"基于小学生理解的文本重构研究"这一课题自预研究时期开始,至今已有将近五年的时间。在这段时间里,学校始终围绕该课题,做了大量研究工作。

2010年3月,在课堂教学中发现同一教材对于不同的学生存在不适应性,基于此,学校着手开展了"基于小学生理解的文本重构研究的"开题报告撰写。同年的5月和10月,该课题成功立项为区级重点课题并聘请区科研室专家进行了开题论证。2011年3月,此课题申报上海市教育学会课题,并批准立项。同年5月和9月,从各学科入手,找出现有教材中需要重构内容,进行梳理并确定以八大技术作为重构的切入点及相关负责人。12月进行课题中期汇报。在接下来的近两年中,科研团队组织全校教师围绕文本重构的八大技术,撰写了各门学科许多教学案例,并进行了精细化修改。在强大的实践资料支撑下,2014年3月,学校完成了相关结题报告,并着手出版书稿。

三、落实制度推进研究与评价

落实科研制度,不仅对教师的参与度进行评价,激励教师的科研积极性,而且积极开展重构技术运用下学生学习多维度的评价体系建设。

1. 克服困难开展研究

"基于小学生理解的文本重构研究"这个课题,从查询文献资料的结果来看,对于重构技术微观层面的研究涉及较少,能学习借鉴的实践操作类成果更是少之甚少,这对教师操作起来存在很大的难度。为此,学校以优化教师文本重构技术作为突破口,希望能使更多的教师将文本重构的技术运用到课堂,提高一次性教学的有效性,促使课堂焕发新的活力。

此课题的研究,无疑为全体教师指明了研究的方向。学校利用各大组教研活动,交流各自的学习心得。通过学习,学校对"文本重构"的定义有了新的认识,提炼出重构的八大技术。

通过三年的研究,该课题完成结题任务,为了更好地推广研究成果,以及对周边学校的辐射作用,所以该课题结题的成果又以著作的形式进行研究深化。

2. 基于评价进行思考

不同职业生涯期的教师对文本都有不同的理解,在学校现有的教师队伍中,根据教师的工作年龄及工作经验,分为见习期教师、成长期教师、成熟期教师,开展不同职业生涯期教师文本重构的现状调研,进而确定该方面教师的成长目标;尝试发展性评估的多重应用,分别对"文本重构"前后的教学进行评估,课题组将进行"文本重构"前与"文本重构"后的课堂教学进行对比评析。进而做出综合分析。分析过程中,对教师文本解读、学情分析、文本重构中的教法选择、学法指导诸方面做一透视,总结成功经验、分析产生问题的原因,最后提出具体改进的意见。

课堂教学中的学生理解能力评价贯穿于教学实践活动的全过程,它是通过豆豆记录卡和教师反思卡评价学生课堂学习的情况。

(1) 以"豆豆记录卡"记录学生课堂表现。

学校_____ 姓名_____ 课程名称_____ 日期_____年____月____日

(1) 学生活动表现情况:

随机情况记录							
次数	态度		能力展现				评分
	主动	被动	小组合作	理解问题	质疑能力	知识掌握	
1							
2							
3							
4							

记录卡不仅关注学生知识、技能掌握情况,还要关注在参与过程中表现出来的情感态度价值观以及思维是否有条理、创造性,从评价的维度上来看,从关注知识的本位到关注学生的情感、态度和价值观的生成。

(2) 以"反思记录卡"记录教师课堂行为。

<table>
<tr><td colspan="2" align="center">反思记录卡</td></tr>
<tr><td colspan="2">姓名_____　日期_____　事件_____</td></tr>
<tr><td colspan="2">值得回忆的细节：

</td></tr>
<tr><td colspan="2">自我反思

</td></tr>
</table>

反思卡是记录教师对八大技术在课堂上运用中产生的一些问题的思考，以便今后更好的改善。

无论是过去还是现在，评价机制对教师行为都有着重要的导向和激励作用。评价是评价者对课题价值所作的观念性的判断活动，因此学校逐步构建了课题的评价体系。评价体系分课堂教学中的学生理解能力评价和总结性评价。教师们在理论指导下实践，在任务驱动下加速，促进了教师专业发展，实现师生共同发展，提升了学校品位。

新课程倡导的"自主、探究与合作"学习方式，实施本课题，我们探索了学生在课堂教学过程中对文本的理解能力。我们在课堂上采用问题驱动、合作学习、尝试探究、学习迁移等方法培养学生把握科学思维方法的能力，引领学生学习，增强能力，提高了学生的理解能力，从而提升了学生学习能力，激发了学习热情，挖掘出个体学习潜能，使学生真正成为学习活动的主人。

（3）以"能力评估表"进行学生综合评价。

闸北区第四中心小学学生能力评估表

年级_____ 班_____ 学科_____ 日期_____

学生姓名	学习兴趣	学习态度			学习方法				总评
		上课听讲	课后作业	自我纠错	思维能力	质疑能力	小组合作	迁移能力	

任教老师签名：_____

本表采用等第制评价。每档的评价标准分为A、B、C、D四个档次，分别代表优秀、良好、合格和需努力。

A(优秀)：学习兴趣浓，能够认真听讲，具有一定的思维深度，善于主动的与他人合作学习，举一反三，并认真完成课后作业，及时纠错。

B(良好)：有较强的学习兴趣，基本能够认真听讲，经老师一定的点拨，可以进行深度的思考和知识的迁移，懂得与他人合作学习，课后作业和纠错比较认真和及时。

C(合格)：对学科学习有些兴趣，上课听讲。思维能力一般，能够配合同学进行合作学习。完成课后作业，在老师的督促下进行纠错。

D(须努力):对学习缺乏兴趣,上课分心,不认真听讲。思考问题停留在表面,不具有知识的迁移能力。无法与他人进行合作学习,课后作业不能及时的完成和纠错。

在综合评价的基础上,学校还设计了学生"发展走势图",以期在研究过程中对学生成长进行与发展性评价相关的思考。

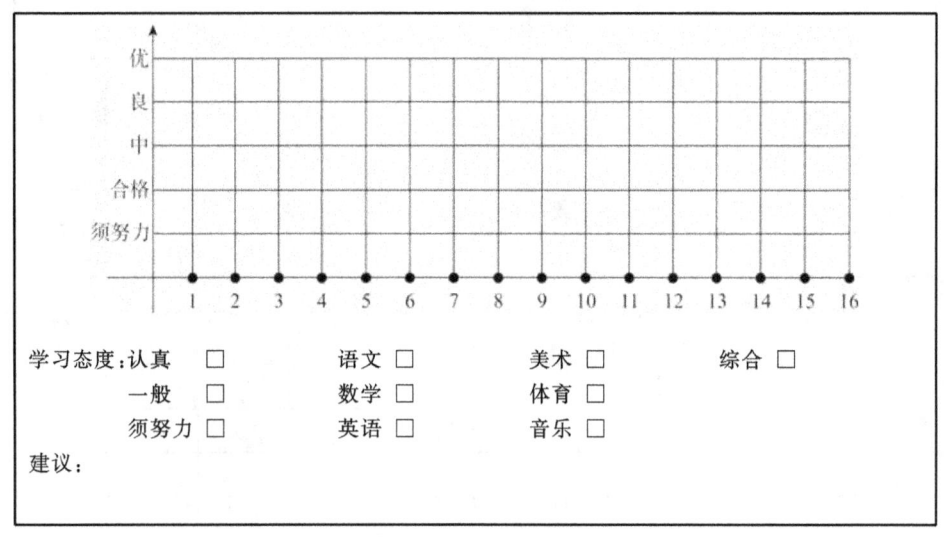

发展走势图

以机制运作促进教师素养提升

教师是教育工作中的核心力量,也是科研的亲身探索者和实践者。教师个人素养关系着学校科研开展的广度与深度。因此,学校通过固化科研培训机制、深化课堂研修机制、强化骨干领衔机制等,以期帮助教师提升个人综合素养。

一、优化科研培训机制

为了更好的开展课题研究,学校从 2011 年开始,对所有教师进行假期科研培训,因为这是教师们相对比较空闲的时间,合理利用好这段时间,是做好课题的保证。

　　2011年暑假,学校就要求每位教师自学有关"文本重构"的理论,可以是网上学习,并进行下载,也可以是书籍学习,做适当批注;学校还要求每位教师反思自己的教学情况,找出自己在教学中难以突破的问题,加以归类、梳理。按照每个学科特点撰写的案例,即按一定的案例模板进行撰写。撰写的案例可以是成功的,也可以是失败的。这样培训的目的,是为了让教师对学校课题有初步了解,也为了更好地去发现目前在教学中哪些教学内容是必须重构的,进行梳理和归纳的。2012年暑假,科研室又要求每位教师以教学目标为导向进行重构研究及效果反馈,并以重构研究为主进行案例撰写。2013年暑假,又指导教师对已经罗列出的重构技术在课内进行运用,并展开案例撰写。案例撰写为教师积累了研究经验,也正基于此,学校每次参加区科研室的案例比赛,都是收获满满。比如,在2012年5月学校申报的8个案例中,获得2个一等奖,4个2等奖,2个三等奖,达到了100%获奖。科研水平的提高,也带动了教学水平的提升。在2013年青年教师教学评比中,学校在语文、品社、探究、音乐、美术、数学等学科中均获得各等第奖。

　　为了便于大家在假期的沟通,学校在2013年设置了四中心QQ群,这样大家有任何课题问题,都可以第一时间进行咨询,解答。其实,每次假期培训,学校还会要求每位教师撰写好个人课题,以便于申报区级个人课题。这样的操作,使得学校申报个人课题的教师人数较多,这也为教师顺利完成"十二五"个人课题研究的学分奠定了基础。

　　科研培训机制为教师的科研能力发展提供了一个良好的学习契机。在该机制的引领下,学校教师的科研能力都得到了一定的提升。通过个人课题的申报情况,其培训成效就可见一斑。在2012—2014年这三年间,在学校大课题的引领下,教师们潜心教学,以解决课堂教学中的问题为突破口,积极开展区级课题的申报,2012年7个课题,2013年12个课题,2014年9个课题,目前均通过区科研室的专家论证,全部结题。

二、深化课堂研修机制

　　学校的课题要求教师根据学生的不同情况对文本进行重构,这在一定程度上要求教师有较高的教学水平和研究水平。除了寒暑假的科研培训之外，在平时的工作中，学校紧密结合各学科教研活动，崇尚技能提升。

1. 深化业务学习

学校开展每周一次的业务学习和每两周一次的"五有四定"常规研讨，实实在在地研究课堂教学微观领域面临的问题，力争每次活动都实在、实用、有实效；做到有计划、有记载、有落实、有反馈、有提升；定主题、定主讲、定时间、定地点，内容形成专题化、系列化；校分管领导深入各教研组，共同学习，共同提升。

其中，每月最后一次的业务学习则是各教研组向全体教师进行汇报总结和主题式教研活动的展示。展示中，各学科组围绕一个主题、通过一节课、展开一次研讨活动。活动贴近课堂教学实际，贴近一线教师的需求，突出了教研活动的实效，在促进教师个体教学能力提高的同时，又创设了教师群体研究的氛围，促进了教研智慧的生成和教学技能的发展。

2. 深化课堂实践

为了提升教师教学水平，更为了能让学校的研究成果落实在课堂上，学校开展了"一月一学科、一周一视导"的课堂教学观摩活动。通过微格教学，更好地进行案例研究。校长、书记、教导以及各学科大组长都全程参与，并在教师个人展示课后，进行及时点评，提出修改建议。各位教师根据实际情况，再次修改教案，在组内再次进行执教。因为有了前后两次的比较，教师能很快找出自己文本重构中的闪光点和存在的问题。最后作为执教者，还必须将课内教学中哪些内容进行文本重构，以案例形式撰写出来，并截取上课录像，予以配套说明。这样更体现出团队的研究痕迹，这样具体的操作为课题扎实推进和教学水平的提高打下扎实的基础。

3. 深化校本研修

学校把加强校本研修作为提升引领能力的重要手段，制定一系列研训方案计划，依托新课改、新课题，加大培训力度，创新培训模式。

首先，倡导四个研究。近两年，学校教师业务学习从最基本的做起，研究教材、研究学生、研究问题、研究练习。研究教材，学习课标，掌握学科年段目标和整体要求。学习教材，通览教材，构建本学科的知识结构图；研究学生，关注学生的学习习惯、知识基础、学习状态，只有充分了解学生，才能真正实现课堂教学的有效；研究问题,落实课堂教学常规检查、开展骨干教师上示范引领课活动、开展"教学经验"观摩推广活动、优秀教研组展示等;研究练习,落实减负增效,练习设计符合学生的认知能力,具有普遍性与提高性。

其次,推进四项课题。学校把科研视为提高教育质量和办学效益的有效保证。多年来深化《"导—练—悟"教学模式研究》,持续开展"提升教师读写结合教学技能的校本研究""基于小学生理解的文本重构研究"和"促进小学生自主学习品质形成的学法指导研究"等市级、区级课题研究,因此,学校连续两年获得闸北区教育科研常规管理先进学校的光荣称号。其中,刘丽校长的《构建"导—练—悟"课堂教学模式促进学生个性化探究》在全国教育学会中小学整体改革专业委员会2012年5月第十六届学术年会论文评选中被评为二等奖,顾赛燕、蔡东飞、张文娟老师分别获2012—2014年闸北区教师个人课题研究成果一等奖。

三、强化骨干领衔机制

引领教师专业发展是学校发展必须的战略选择。多年来完善了骨干培养机制,注意发挥骨干示范、引领作用,静心打造内涵凸显、业务精良、行动领先的专业化教师队伍。

1. 强化师徒结对

学校以师徒自愿的双向选择为结对原则,建立行政与骨干教师、骨干与青年教师的双结对制度。带教师傅根据每个徒弟自己设定的一年、三年、五年的个人发展目标分别来设计"带德、带教、带研"的工作,极大的促进不同层面的教师教学能力的提升和教育智慧的生成。这种师徒双赢的带教模式,赋予了"师徒结对"新的内涵和意义。

2. 强化互动学习

"走出去,请进来"是接轨先进教学技术最为直接的途径。"走出去",学校所有学科骨干、教研组长,全部外出进修、学习,尤其是2013年9月,学校大胆创新地进行在总支区域内为期2年的教师柔性流动,首批有我校数学教师花亚敏和民办彭浦实验小学数学秦颖老师参与活动,取得了双赢的效果;"请进来",学校邀请教育局领导及中心校老师来校参加听评课、专题研讨等活动,先后召开思品、语文、数学、美术、拓展、探究、共享课程（300分）的区级研讨活动。五年来共有14人次执教市、区级公开课、研讨课，两位老师先后代表闸北区参加了虹口区、长宁区、徐汇区的教学交流活动。学校张文娟老师代表闸北区参加2011年上海市青年教师课堂教学展示评比活动中获一等奖。

3. 强化骨干引领

多年来，学校充分发挥了总支、校级骨干教师及教研组长的作用，每学期开展"名师工程"的"三个一"活动，即上一节公开课、做一次专题讲座、组织一次学科教学研讨，这些做法让教师在体验中积累，在提炼中升华，因此涌现了一批教学精英、学科骨干：上海市青年教师语文学科中心组成员杨颖老师，坚持五年"导—练—悟"教学模式的蹲点研究，形成了自己独特的教学风格；总支"教育之星"潘胜男老师，始终追求"幽默""激趣""务实"的教学风格；闸北区共享课程首批特需教师张情老师，擅长研究"以兴趣，让学生在活动中探究、创新"的课堂教学模式；闸北区探究型课程中心组成员施晴琴老师，一直秉持"激发思维，循循善诱，善于倾听"的教学风格……这些学科骨干不仅有较高的学术水平，而且心胸宽阔，包容性强，在她们的带领下学校正逐步形成一个数量充足、结构合理的优秀学科教师群体。

4. 强化项目领衔

学校从教师的教育教学实践出发，提出许多教师专业发展的工作项目，让骨干教师领衔，带领组内教师从中选择符合自己发展需求的内容。

项目一：建立教研组层面的课题研究制度。每学期开学初学科组长结合教育教学中的实际问题开展有针对性的课题研究，研究改善教师的教学实践，同时提高教育教学能力，有效促进教师的自主发展。

项目二：教育教学展示活动。教育上德育室每学期举办学生集会，教学上每学期举办每月一节学科展示，德育室和各教研组根据学生年龄特点、学科特点分别设计了层次不同的展示活动项目。

骨干教师就是项目的负责人。既对整个项目开展进行整体思考，制定详细计划，又要根据组内教师特点分工合作，发挥所长，有序推进。通过项目实施，不仅能发挥出教师群体的积极性，还能锻炼骨干教师自身的组织协调能力，更能促进学生的发展。

以保障奠基课题研究推进

学校课题的顺利开展与深入研究，少不了资源的保障，《基于小学生理解的文本重构研究》这一课题正是有了各资源的充分保障，这一路的研究工作才得以顺利地展开，圆满地完成了结题工作。

一、全员努力是智慧保障

课题研究离不开学校的整体规划，更离不开专家的引领和学校全体人员的协力。

1. 专家指导

学校开展课题研究以来，市、区级的科、教研室的多位专家，在繁忙的工作之余来到学校，深入课堂，指导课题工作。其中包括课题的预研究及申报工作、课题的开题论证、课题研究过程与进展、中期结题、课题中后期研究成果的指导、课题的结题论证及课题成果出书等多项工作。可以说，没有专家站在一定高度的精雕细琢和高屋建瓴，就没有该课题最终的圆满。

2. 学校人力

课题得到了专家的指导意见，进一步的研究和深入少不了学校领导的支持和关心，少不了每一位战斗在第一线的教师的大胆探索与努力实践。学校上下一心，为顺利开展和圆满完成该课题，付出了自己大量的时间和精力。在教学上的反复研磨，在案例撰写上的斟字酌句，都凝聚着学校每一位课题参与者的用心和期待。

二、研究积累是资源保障

在课题研究的过程中，为了能够更好的检验文本重构的实效性，语、数、外三门主学科教师，都针对重构后的课堂教学，配套了相关的题库，其中语、数两门学科罗列出一到五年级每一学期的知识点，形成了一个系统的序列。除了语文、数学，其他所有基础型学科都纷纷梳理了学科知识点，通过每学期的检测，形成了各学科本身的考核题库，实践操作题库。这些题库和知识点序列，共同组成了学校的学科资源库，为课题研究的实效性提供了保障。

三、科学投入是经费保障

学校对课题的研究经费使用有科学性的规划,以保证经费用得合理,用得实在。在课题研究过程中,对于项目调研、研究设备的使用,都有充足的经费予以保障,免除了课题开展的后顾之忧。

回顾"基于小学生理解的文本重构研究"课题的整个研究过程中的制度管理、培训机制、实践保障中的点点滴滴,我们再度认识到,以学校自身资源为主要力量的研究和实践,必须在基础阶段完善制度,在推进阶段加强培训,在整个阶段贯穿保障。只有这样,对于基于课题研究的学校科研,才能在实践中得以贯彻,才能确实促进学校内涵式发展。

后　记

"为理解而教"一直是我们四中心小学教师们对教学至高无上的追求。其源于"一切为了孩子"的教育理念。基于这样的思想,我们始终坚持科研引领办学实践,崇尚植根于课堂教学的行动研究,关注学生成长,力求使我们的课堂教学惠及每一位具有独特个性的学生。

这是一个传承的历程。开始于五年前的"基于小学生理解的文本重构研究",是学校教育科研的重要阶段性成果的汇集。其来源于我们以学生为本的教育理念,来源于我们"导—练—悟"课堂教学模式的建构,来源于我们对教学资源的优化整合,来源于我们对"龙头"学科行动研究的实践探索,来源于我们关注教师素养提升和学生个性发展的辩证思考。

这是一个求索的历程。纵观现有文献、资料,文本重构多指向语文、外语学科。然而我们不是为了做课题而去研究,我们是要实实在在地解决学生在学习中遇到的一些问题。所以我们的研究面向所有学科,目的就是"为理解而教"。虽然一路走来,可参考、可借鉴的资料文献很少,但大家边学边做,在这征程中跋涉数载,不断探索前行。

这是一个汇智的历程。重构八项技法的提炼无不凝聚着集体的智慧。全体教师共同参与了课题组的研究。本书中的所有案例都来自于教师们的课堂实录,真实可信且有一定的实践参考价值。

本书的绪论由刘丽执笔;八个技术由徐臻、孙颖斐、张卓晔、张文静、张情、施晴琴、华玲、杨颖和陈惠燕执笔;后论由刘丽执笔。本书统稿整理由蔡东飞、王春燕、卢依萍、何慧和徐曼蓉完成。

在《为理解而教——小学文本重构八技法》课题研究以及本书出版期间,我们得到了上海市教科院普通教育研究所、闸北区教育局、闸北区教育学院各级领导、专家的热情关心和倾心指导。在此,一并表示衷心地感谢!也恳请专家与读者对于书中的不妥之处提出批评指正。我们愿以本书与广大教师共同交流信息、分享成果。

  建校 30 年,一路走来历经艰辛。从一所普通校成长为区中心校,它需要学校内涵的提升、学校精神的转变。为此,全体教工都充满信心,坚持以"巧手课程"建设为基石,以教育资源整合为载体,以研究性校园文化为重心,共铸"领跑者"文化——让学生成为自主成长的领跑者,让教师成为专业持续精进的领跑者,将学校成为融入区域小学课改历程的领跑者。

  我们,将在这条路上一直走下去……

编者
2015 年 8 月